Annmarei Lenzner

MIT SIEBEN WAR ICH KEIN KIND MEHR.

Eine Flüchtlingskindheit 1945-1948.

Die folgende Dokumentation widme ich meiner tapferen Mutter, die in dieser Phase ihres Lebens Übermenschliches geleistet hat, und meinem geliebten Diti, meinem kleinen Bruder Karl-Dietrich, der nach so vielen Qualen und Schmerzen mutterseelenallein hat sterben müssen.

Annmarei Lenzner, geb. Brunnarius

Annmarei Lenzner

MIT SIEBEN WAR ICH KEIN KIND MEHR.

Eine Flüchtlingskindheit 1945-1948.

Erinnerungen

Bibliografische Information der Deutschen Nationalbibliothek
Die Deutsche Nationalbibliothek verzeichnet diese Publikation in der Deutschen Nationalbibliografie; detaillierte bibliografische Daten sind im Internet über http://dnb.d-nb.de abrufbar.

Rheinstraße 46, 12161 Berlin
Telefon: 0 30 / 76 69 99-0
www.frieling.de

ISBN 978-3-8280-3550-8
1. Auflage 2020
Bildnachweise: Archiv der Autorin

Inhalt

Vorwort

Wenn ich jemandem, was selten geschah, Einzelheiten unserer Flucht vor den Russen und der späteren Vertreibung durch die Polen erzählte, wurde mir manches Mal entgegnet, ich hätte als sieben- und achtjähriges Kind die Kriegs- und Nachkriegsereignisse ja gar nicht bewusst wahrnehmen, geschweige denn mich daran erinnern können. Diesen Einwand, wenn nicht gar Vorwurf, möchte ich entschieden zurückweisen. Denn bis zu meinem sechzigsten Lebensjahr verfügte ich über ein hervorragendes Gedächtnis und Erinnerungsvermögen, das mich unter anderem befähigte, wichtige Gespräche, die bereits dreißig Jahre oder noch viel länger zurücklagen, wortwörtlich zu rekonstruieren. Aber selbst dann, wenn mein Gedächtnis miserabel gewesen wäre, so hätten sich diese furchtbaren Erlebnisse derart in meine Seele eingebrannt, dass nichts und niemand sie hätte auslöschen können. Noch Jahre, Jahrzehnte danach, sagte meine Mutter manchmal: »Heute Nacht habe ich wieder geträumt: Die Russen kommen!«

In persönlichen Krisenzeiten werde ich von diesen Schreckensbildern geradezu überflutet und bin ihnen dann wehrlos ausgeliefert. Sie sind und bleiben ein Brandzeichen fürs ganze Leben.

I. Unsere Flucht vor den Russen

Es war am Abend des 30. Januar 1945, als kurz vor neunzehn Uhr die Sirenen heulten. Ich war zunächst überrascht, denn Fliegeralarm hatte es bislang immer nachts gegeben. Meine Mutter nahm meinen kleinen Bruder Karl-Dietrich, von allen Diti genannt, den Notkoffer und eilte mit mir in den Luftschutzkeller, der sich unter dem Haus meines Großvaters befand. Dort saßen wir eng zusammengedrängt (meine Großeltern, meine Tante, wir drei und noch drei weitere Personen). Plötzlich sagte jemand: »Die Russen sind da! Sie belagern bereits das Bahner Tor!« (Die Stadt Pyritz war von einer dicken Festungsmauer umgeben, in der sich vier große Stadttore befanden.) Sofort fielen mir wieder die Flüchtlingstrecks ein, die sich seit November durch die Stettiner Straße, in der wir wohnten, bewegten; und ich sah das sorgenvolle Gesicht meiner Mutter wieder vor mir, als wir vom Fenster aus den Flüchtlingsstrom beobachteten.

In einem Brief vom 23. Januar 1945, den ich wie alle anderen auch im Nachlass meines Vaters gefunden habe, schreibt sie:

Im Übrigen haben wir es heute schon den ganzen Vormittag über schießen hören. Wer weiß, was morgen schon ist. – Danzig und Schneidemühl sind auch schon geräumt. Täglich ergießen sich hier neue Flüchtlingsströme, die von erfrorenen und verhungerten Kindern erzählen. Hier packen die Leute auch schon die Sachen. Aber wo sollen wir denn noch hin?! Soll ich meine Kinder auf der Landstraße erfrieren lassen? Denn mehr als meine Kinder kann ich bei solch einer Panik ja gar nicht mitnehmen, und wohin soll ich? – Vor ein paar Tagen hat man hier alle schwangeren Frauen und alle Kinder bis zu vier Jahren aufgeschrieben. Diese sollen in Kinderlandverschickungslager evakuiert werden. Die Mütter und die anderen Kinder bleiben hier. Soll ich meinen süßen Diti allein fortgeben, wenn es für mich und Annmareichen keine Möglichkeit gibt? Ich weiß nicht, was ich machen soll, wenn ich mir diese Frage vorlege. Ist es richtig, wenn ich es von uns losreiße, ist es richtig, wenn ich es bei mir behalte und damit sein Leben gefährde? Ist es richtig, ein Kind, wenn ich mit Annmareichen umkommen sollte, Du selbst nicht mehr zurückkehrst, dies Kind allein seinen Weg gehen zu lassen? – Aber es könnte ja auch sein, dass Du heil zurückkommst, und dann hättest Du wenigstens noch Deinen Jungen, wenn von uns nichts mehr ist! Soll ich es hier bei uns behalten, und wenn es eben das Schicksal will, mit meinen beiden Kindern gemeinsam aus dem Leben gehen? Mein Gott, ich weiß es nicht. – Ich kann nur weinen, wenn ich daran denke.

Heute früh ist auch schon der Volkssturm ausgerückt. Fritz Sanft ist auch darunter, einige sogar mit Holzkurkeln an den Füßen. Gestern sind hier 600 Verwundete angekommen: nur in ihren Krankenkitteln und umgehängten Gasmasken wurden sie transportiert; einige, die laufen konnten, nur auf Strümpfen. Hoffentlich erhältst Du diesen Brief noch in Norwegen. Hoffentlich geht es Dir noch gut.

Mit den innigsten Wünschen für Dein Wohlergehen
Deine Hite

Und aus dem Brief vom 29. Januar 1945:

Mein lieber Mann! Draußen heult ein fürchterlicher Schneesturm. Die Straßen sind verstopft mit Trecks. Überall liegen die Menschen: in Warenhäusern, Kinos, Cafés, selbst Wachlins Gewächshäuser sind mit Menschen gefüllt. Um uns herum ein wahnsinniges Elend. An den Stadteingängen stehen Männer mit Panzerfäusten. Aber noch geht es uns gut. Wir haben zu essen, die Wohnung ist warm. Für Annmareichen und mich habe ich je einen Rucksack gepackt, mit dem Allernotwendigsten, für Diti einen warmen Sack genäht. – Gebe Gott, dass er uns erhalten bleibt, Kinder erfrieren immerzu. Aber noch haben wir den Kopf oben. Lass es Dir immer gut gehen und innigen Dank für all Deine Liebe.

Deine Hite

Nun waren wir im Keller, und Angst machte sich breit. Dann hörten wir auch schon die Geschosse der Flak. Der Strom fiel aus, die Wasserleitungen wurden zerstört. Am nächsten Tag um die Mittagszeit, in einer Feuerpause, wollte ein Mann von der Pumpe, die auf der Straße vor unserem Haus stand, Wasser holen. Aber er war noch nicht fertig, als ein Geschoss den Arm abriss.

Nachdem wir zwei Tage und drei Nächte im Keller ausgeharrt hatten, beschloss meine Mutter, Pyritz zu verlassen. Am 2. Februar 1945 gegen vierzehn Uhr machten wir uns in einer Feuerpause auf den Weg. Meine Mutter, einen Rucksack auf dem Rücken, schob den Kinderwagen mit Diti, ich die Sportkarre, beladen mit zwei kleinen Koffern und meinem Rucksack. Doch kaum hatten wir das Stettiner Tor passiert, als der Geschützdonner wieder einsetzte. Wir liefen die Straßen entlang, zwischen brennenden Häusern hindurch, bis wir die Stadtgrenze erreicht hatten und vier Kilometer außerhalb von Pyritz in das Dorf Briesen gelangten, wo wir in einem Haus, zusammen mit anderen Flüchtlingen, Unterschlupf fanden.

Am nächsten Tag wurde dieses Haus ununterbrochen von der Artillerie beschossen. Es gab diesmal auch keine Feuerpause um die Mittagszeit. Wir saßen, dicht an die Wand gekauert, die Fenster meidend, stumm und angsterfüllt, bis es dunkel wurde und die Schießerei endlich aufhörte. Als sich am nächsten Tag dasselbe wiederholte, wollte meine Mutter mit uns im Schutze der Dunkelheit nach Groß Rischow weiterlaufen. Wir brachen also auf, es tobte ein fürchterlicher Sturm, zum Glück war es ein warmer Wind. Der Weg führte durch einen Kiefernwald. In der Finsternis hörten wir über uns die Äste krachen, es war unheimlich. Voller Angst bat ich meine Mutter, doch umzukehren. Sie stimmte zu, weil sie auch Angst hatte und sich davor fürchtete, sich zu verlaufen. Natürlich besaßen wir keine Landkarte oder Taschenlampe und manches andere nicht, was in der Hektik des Aufbruchs und der gebotenen Eile zurückgelassen worden war.

So machten wir uns dann am folgenden Tag wieder auf den Weg und erreichten, da uns der Wald über weite Strecken vor Tieffliegern Schutz bot, eine Rote-Kreuz-Baracke, kurz vor Groß Rischow, direkt an der Straße, aber gut versteckt zwischen den Kiefern. Wie sich herausstellte, handelte es sich um einen Hauptverbandsplatz, wohin man die im Kugelhagel verwundeten Soldaten zur Erstversorgung brachte. Da die Verwundeten aber bereits abtransportiert und in ein weiter von der Kampflinie entferntes Lazarett verlegt worden waren, stand diese Baracke leer. Nur zwei Rote-Kreuz-Helferinnen waren noch da, denn am nächsten Morgen sollte diese Station endgültig geräumt und verlassen werden. Diese Tatsache macht deutlich, wie dicht wir an der Kampflinie und noch lange nicht in Sicherheit waren. Wir wurden jedoch freundlich aufgenommen; meine Mutter konnte Diti wickeln und versorgen, und wir bekamen eine warme Suppe – die erste warme Mahlzeit seit fast einer Woche – und erhielten eine Schlafstatt. Ich fühlte mich in dieser gut getarnten Baracke sicher und geborgen und schlief ohne Angst ein. Als ich aufwachte, war meine Mutter schon dabei, Fotos zu vernichten und alles auszusortieren, was ihren Rucksack unnötig beschwerte, denn wir mussten weiter. Als wir gerade aus der Tür traten, kam uns mein Großvater mit Czeslaw, dem Polen, entgegen, der als Kriegsgefangener bei meinem Großvater in der Kupferschmiede arbeitete – übrigens ein heller Kopf, der binnen zwei Jahren fehler- und akzentfrei Deutsch sprechen gelernt hatte. Wir erfuhren, dass meine Großmutter und ihre Tochter (meine Tante Mieke) noch mit einem Zug, der wider Erwarten zusammengestellt worden war, Pyritz verlassen konnten. Mein Großvater wollte unbedingt in seinem Haus bleiben – immer noch in der Hoffnung, die Russen würden von den deutschen Truppen zurückgedrängt werden. Als das Haus bereits durch mehrere Treffer beschädigt war, hat schließlich wohl Czeslaw, der begreiflicherweise auch Angst vor den Russen hatte, meinen Großvater dazu bewogen, in wirklich allerletzter Minute Pyritz zu verlassen.

Czeslaw schwang sich auf sein Fahrrad, wohl ganz froh, dass er nun schneller vorankam, und mein Großvater zog mit uns weiter. Das Wetter war nach dem warmen Sturmwind umgeschlagen, und es herrschte nun bitterkalter Frost. Kurz nach Sonnenaufgang wurde wieder geschossen. Bis zu dem drei Kilometer entfernen Dorf Horst bestand für uns keine Gefahr, da der Wald uns schützte. Aber danach führte die Chaussee durch eine Ebene, und wir waren in dem blendenden Sonnenlicht eine wunderbare Zielschreibe für die Tiefflieger. Zwanzig, dreißig Meter neben uns schlugen die Geschosse ein. In einer Art stumpfer Ergebenheit liefen wir weiter, bis wir mittags gegen zwölf Uhr an ein Bahngleis gelangten, rechts abbogen und uns auf einem schmalen Trampelpfad neben dem Bahnkörper fortbewegten. Denn mein Großvater meinte, dies sei der kürzeste Weg, um nach Kolbatz zu kommen.

Dort wollte er bei einem Brennermeister, dem er Kupferkessel etc. geliefert und installiert hatte, um Unterkunft für uns bitten.

Ich versuchte, mit meiner Sportkarre und den Koffern auf den Bahnschwellen entlangzulaufen, aber es ging noch schlechter als auf dem Weg. Meine Mutter hatte Mühe, den Kinderwagen in der Spur zu halten. Es waren kräftezehrende drei bis vier Kilometer, aber mir kamen sie wie eine Ewigkeit vor. Und die ganze Zeit über hatte ich Angst, dass von dem Kinderwagen, einem Kriegsmodell mit aufgesteckten, nur durch eine Spange gehaltenen Rädern, ein Rad wegbrach oder eine Spange zersprang und wir den Wagen zurücklassen mussten. Doch dann wäre mein kleiner Bruder, der seit morgens früh in seinen nassen Mullwindeln ausharren musste, bei dieser eisigen Kälte in der Sportkarre erfroren. Doch wir hatten Glück und erreichten Kolbatz gegen dreizehn Uhr. Mein Großvater, der mit dem Brennermeister erst allein verhandeln wollte, ließ uns in der kalten, zugigen Werkhalle zurück. Es verging fast eine Dreiviertelstunde – meine Mutter und ich froren entsetzlich, und unser Diti litt still vor sich hin –, bis mein Großvater wiederkam und sagte, dass wir weiterziehen müssten. Nicht einmal einen Teller Suppe oder ein Aufwärmen hatte man uns angeboten. Ob mein Großvater etwas zu essen bekommen hatte, weiß ich bis heute nicht.

Von Groß Rischow bis Kolbatz waren wir schon siebzehn Kilometer ohne Pause gelaufen. Noch nie hatte ich bis zu diesem Tage eine so weite Strecke zu Fuß zurückgelegt. Außerdem musste ich meinen kleinen Rucksack tragen und die Sportkarre mit den zwei Koffern schieben. Mir taten die Beine weh. Wenn mein Großvater mir auch zeitweise das Schieben abnahm, so war es für mich mit meinen damals sieben Jahren eine große Anstrengung. Und nun konnten wir uns nicht einmal in Kolbatz aufwärmen und unseren Diti versorgen, sondern mussten noch acht oder neun Kilometer bis Kublank weiterlaufen.

von Pyritz → Briesen = 4 km
von Briesen → Groß Rischow = 3, 5 km
von Groß Rischow → Kolbatz = 17 km
von Kolbatz → Kublank = 8 km

Wir liefen also weiter in dieser erbarmungslosen Kälte. Der Geschützdonner wurde leiser, und plötzlich sagte mein Großvater: »Jetzt sind wir aus dem Kampfkessel raus.« Schließlich erreichten wir – es war der 6. Februar 1945 – nachmittags, noch vor Einbruch der Dunkelheit, das Dorf Kublank, wo wir bei einem Bauern namens Falkenberg, der auch Kunde meines Großvaters war, Aufnahme fanden. Mein Opa erhielt das Gästezimmer, meine Mutter und ich bekamen einen schmalen Raum zugewiesen, in dem zwei Militärpritschen und ein kleiner Schrank standen. Außerdem befand sich hierin ein Eisengestell mit einer alten abgeplatzten Blechschüssel, in der wir uns waschen mussten; es war alles sehr primitiv. Dieses Zimmer lag aber hinter einem großen Raum, in dem etwa zwanzig deutsche Soldaten einquartiert waren. Wenn wir zur Toilette, in die Küche oder auf den Hof wollten, mussten wir immer diesen Raum durchqueren. Für meine Mutter, damals einunddreißig Jahre alt, war es ein Spießrutenlaufen; denn die sich langweilenden Landser machten hinter vorgehaltener Hand dumme Bemerkungen, und natürlich störte uns der Lärm, besonders abends, aber wir waren froh, wieder ein Dach über dem Kopf und zu essen zu haben. Nur unser armer Diti machte uns Sorgen. Jetzt, da meine Mutter wieder die für ihn richtige Nahrung zubereiten konnte, aß er nichts mehr, bekam hohes Fieber und konnte vor Schwäche nicht mehr sitzen. Der Truppenarzt diagnostizierte eine schwere Lungenentzündung und sagte gleich, dass sich mein Bruder in einem sehr kritischen Zustand befinde und in den nächsten drei Wochen keineswegs reisefähig sei. Es muss etwa der 8. Februar gewesen sein, als uns diese schlimme Nachricht traf. Fortan lag unser Diti, fast regungslos, den

Kopf nach hinten überstreckt, mit starren Augen und erkannte uns nicht mehr.

Aus einem Brief vom 14. Februar 1945 an meinen Vater:

Mein lieber Karl! Dietrich ist sehr krank, sodass von einem Weiterkommen vorerst nicht die Rede sein kann. Heute Nachmittag will der Truppenarzt hierherkommen und nach ihm sehen. Gebe Gott, dass er uns erhalten bleibt. Mutti und Mieke sind in Stralsund, erfuhren wir gestern.

Was sich in Pyritz abgespielt hat, davon später einmal, wenn wir uns noch einmal wiedersehen sollten. Jedenfalls sind die Behörden getürmt, und Frauen und Kinder hat man zurückgelassen. Einige Postautos haben anfangs Zivilisten abgeholt, aber ohne Kinderwagen! – Uns mit den Kinderwagen blieb nur die Landstraße. Eine herrliche Organisation! Als die Stadt schon beschossen wurde, luden sie noch immer Flüchtlinge bei uns aus. Keiner weiß, wohin mit den Menschen. Von Lierschens weiß ich nichts. Tante Martha hatte Großmama im Handwagen nach Briesen gezogen, wo wir zwei Tage zusammen waren.

Aus einem Brief vom 17. Februar 1945:

Lieber Karl, mit Diti steht es sehr schlecht. Er hat ständig über 40 Grad Fieber. Gestern hat er schon eine Spritze bekommen, aber bisher ist noch kein Erfolg ersichtlich. Im Übrigen trägt die jetzige primitive Umgebung auch keineswegs zur Heilung bei. Auch Annmareichen ist vollkommen unglücklich, dass sie nicht ihre gewohnte Sauberkeit und Ordnung um sich hat. – Ich schlafe nachts auf zwei Stühlen, damit Dietrich ein Bett hat. Kannst Du nicht Urlaub bekommen? Ich fürchte das Schlimmste für das Kind. Es sind jetzt schon zehn Tage mit gleichbleibend hohem Fieber. Er ist ganz teilnahmslos. Wenn hier noch geräumt werden muss, schicke ich Annmareichen mit Opa mit zu Mieke nach Stralsund. Ich muss mit dem Jungen hierbleiben. Er verträgt vorläufig keinen weiteren Transport.

Innige Grüße

Deine Hite

Aus einem Brief vom 21. Februar 1945:

Mein lieber Karl! Was soll ich Dir schreiben? Erfreuliches gibt es nicht mehr. Das Leben ist nur noch ein Vegetieren von einem Tag zum anderen. Wenn mir nur der Junge bliebe. Heute Nacht war es furchtbar. 41 Grad Fieber, er blieb fast weg, da er keine Luft mehr kriegte. Und zum größten Unglück ist der Truppenarzt gestern Abend auch ganz plötzlich abgerückt. Als ich ihn heute Nacht noch einmal holen wollte, war er fort. Eben war die Gemeindeschwester hier, Medikamente hat sie keine, also kann sie auch nicht helfen. – Heute Nacht waren furchtbare Angriffe auf Stettin, Altdamm und hauptsächlich Stargard. Die Chaussee ist übersät mit Flüchtlingen. Genauso wie ich damals mit Kinderwagen. Kein Mensch weiß mehr wohin. Aber unser Gauleiter spuckt große Töne. Man müsste Dir direkt mal eine Zeitung mitschicken.

Wir kommen hier ja nicht mehr raus. Dietrich verträgt keinen Transport mehr. Papilein, lass es Dir immer gut gehen. – Vielleicht führt uns ein gütiges Geschick noch einmal zusammen. Die Hoffnung habe ich aber schon fast aufgegeben.

Innige Grüße von uns dreien

Deine Hite

So gingen die Tage dahin, manchmal spielte ich draußen mit Horst, einem neunjährigen Nachbarsjungen, denn ich besaß überhaupt kein Spielzeug; nicht einmal meine geliebte Puppe hatte ich von zu Hause mitnehmen können.

So verging etwa eine Woche, als die Nachricht zu uns drang, dass Pyritz von den Russen eingenommen und das große Haus meiner Großeltern, in dem auch wir gewohnt hatten, völlig zerstört worden war. Mich berührte diese Tatsache fast gar nicht; meine Gedanken kreisten nur um unseren kranken Diti und darum, wie wir den herannahenden Russen entkommen konnten. Für meinen Großvater, damals sechsundsechzigjährig, war es ein harter Schlag. Heute, da ich bereits vier Jahre älter bin als er damals, kann ich nur zu gut verstehen, was in ihm vorging. Seine gesamte Existenz, die große Werkstatt, die Geschäftsräume und das weitläufige Haus waren zerstört, sein Lebenswerk vernichtet. Und er fühlte wohl, dass er nicht mehr jung genug war, um wieder völlig von vorn anzufangen, ganz zu schweigen von den Strapazen und Entbehrungen, die uns noch bevorstanden und von denen wir gottlob noch nichts wussten.

Während unserer Zeit in Kublank hatte ich kaum Kontakt zu meinem Großvater. Er, der so herrlich Märchen erzählen und erfinden konnte, verspürte dazu begreiflicherweise keine Lust mehr; und auch ich war durch die Ereignisse dem Märchenalter entwachsen. Wir sahen uns nur zu den Mahlzeiten; in unser Zimmer kam er nie. So behielt jeder von uns dreien seinen Kummer für sich. Nun, da seine letzte Hoffnung, in seine Heimatstadt und sein Haus zurückzukehren, erloschen war, wollte er weiter nach Stralsund, wohin seine Frau und seine Tochter, meine Tante Mieke, geflüchtet waren. – Sie hatten glücklicherweise noch einen Zug erwischt.

Brief vom 24. Februar 1945:

Lieber Karl, Dietrich geht es noch immer gleichmäßig schlecht, er hat 41,3 Grad Fieber, sodass ich ihn manchmal schon aufgegeben habe. Aber er ist so kräftig. Vielleicht hält er es durch; das heißt, wenn wir hier nicht in allernächster Zeit rausmüssen. – Man weiß ja nicht, was wird. Die Schwester hier ist ein ganz feiner, lieber Mensch, sie kommt täglich zweimal, um nach Diti zu sehen. Heute Nacht ist im Nachbarhaus ein Kind an der gleichen Krankheit gestorben. – Eineinhalb Jahre alt. Manchmal bin ich doch recht verzweifelt. Wenn uns nur der Junge erhalten bleibt! Der Verlust des anderen ist daran gemessen gering. – Der kleine Kerl sieht ganz jämmerlich aus. Zwei Wochen lang schon immer dieses hohe Fieber, sitzen kann er schon gar nicht mehr. Annmareichen ist wieder auf dem Posten. Sie will heute versuchen, an Dich einen Brief zu schreiben. Opa jammert mir jeden Tag die Ohren voll, dass wir hier verraten und verkauft sind, der Russe ist bald hier, und wir können nicht weiter. Ich habe ihm nun gestern klipp und klar gesagt, er könne doch jederzeit weiter nach Stralsund. Aber er solle dann Annmarei mitnehmen. Auf uns hier brauche er ja schließlich keine Rücksicht zu nehmen. Aber das möchte er nun auch nicht. Annmarei sagte heute aber auch schon, sie wolle lieber bei der Mutti bleiben. Da steht seiner Weiterreise nun ja nichts mehr im Wege. Soll er tun, was er will. Alte Menschen scheinen sich ganz besonders fest ans Leben zu krallen. Es ist überhaupt sehr schwierig, mit ihm fertigzuwerden. Und ich habe außer meinem persönlichen

Wohlergehen doch noch die beiden Kinder, davon eines todkrank, was soll ich da erst sagen? Aber mit Redensarten und Stöhnen ist doch nicht geholfen. Jedenfalls werde ich meinen Mann stehen, solange mich meine Füße tragen, und bis zum letzten Atemzug sind mir das Leben und die Sorge für meine Kinder allein maßgebend, und dafür muss ich immer wieder den Kopf oben behalten und kann mich nicht auf weinerliche Redereien einlassen. Mein einziger Gedanke ist, uns die Kinder zu erhalten: nichts weiter, und wenn es eben das Leben kosten sollte, dann eben uns allen dreien. Annmarei will sich nicht davon ausschließen. Sie will bleiben, wo die Mutti bleibt!

Innige Grüße

Deine Hite

Nun, da Pyritz gefallen war, rückte die Front schneller näher als erwartet. Wir merkten es an den immer heftiger werdenden Tieffliegerattacken. Ich konnte nicht mehr draußen spielen. Eines Vormittags, als die Geschosse dicht am Fenster unseres Zimmers vorbeizischten, gab es einen lauten Knall; eine Kugel war in die Mauer unter dem Fenster eingedrungen. Eine junge Frau mit einem Säugling auf dem Arm warf sich auf die Erde, ihr hatte der Schuss gegolten; gottlob war ihr nichts passiert.

Bis zum 3. März sollten alle Flüchtlinge und Einheimischen Kublank verlassen haben. Uns blieb bis dahin nicht mal eine Woche. Wieder wurde die Angst unser ständiger Begleiter. Die Soldaten im Nebenzimmer waren inzwischen abgezogen. Wir hatten nun unsere Ruhe, aber wir wussten genau, dass es ein unheilvolles Zeichen war. Und unser Diti befand sich immer noch in diesem Schwebezustand zwischen

Leben und Tod und zwang uns, hier auszuharren, bis kein Zug mehr aus dem Nachbarort fahren würde.

Brief vom 28. Februar 1945:

Mein lieber Karl! Heute am 28. wenig Erfreuliches. Kublank muss bis zum 3. März nun auch geräumt werden, und eben war der Arzt aus Buchholz hier, mit der Feststellung, dass Dietrich nicht transportfähig ist. Ich schrieb Dir ja schon, dass er eine sehr schwere Lungenentzündung hat. Krankenautos gibt es keine. Nun weiß ich auch nicht, was werden wird. Bis Sonnabend will ich hier jedenfalls abwarten. Sonnabend Nachmittag kommt der Arzt noch mal, da kann ich ja am Sonntag noch immer versuchen, weiterzukommen.

Opa will ja nun auf alle Fälle weg, und zwar am liebsten noch heute. Annmareichen will hier bei uns bleiben. Ich wollte sie eigentlich Opa mitgeben. Aber sie will unbedingt bei der Mutti bleiben. Irgendwie muss ja alles zu einer Lösung kommen. Hoffentlich bleibt uns der Russe noch ein paar Tage fern und wir kommen noch weiter. Man kann doch das Kind nicht auf der Straße sterben lassen. Andererseits darf man ja Annmareichen nicht mit ins Unglück ziehen. Aber heute ist Ditis erster fieberfreier Tag, vielleicht rappelt er sich bis Sonnabend so weit auf, dass er den Transport übersteht. – Ich bin so ziemlich fertig. Wäre ich mit Diti allein, da wüsste ich, was ich täte. Aber da ist immer noch Annmarei.

Wenn Du später schreibst, adressiere die Post an Miekes Adresse nach Stralsund, da hier sicher ab Sonnabend keine Post mehr befördert wird.

Innige Grüße
Deine Hite

Vielleicht hatte meine Mutter insgeheim gehofft, der Bauer Falkenberg würde uns mit seinem Pferdewagen bis Stettin mitnehmen. Aber er und seine Familie hatten beschlossen, auf ihrem Hof zu bleiben und nicht vor den Russen zu fliehen. Was mag wohl aus ihnen geworden sein? Ob die hübsche, tüchtige, damals achtzehnjährige Tochter wohl von den Russen verschont geblieben ist? Leider habe ich nie erfahren, ob die Familie den Einfall der Russen überhaupt überlebt hat.

Kublank war inzwischen menschenleer und die Stille in den Gefechtspausen geradezu unheimlich. Dann, am Sonnabend, dem 2. März 1945 – es war der offiziell letzte Evakuierungstag – stand plötzlich um elf Uhr vormittags ein Soldat in unserem Zimmer und sagte zu meiner Mutter, sie solle sich beeilen und ihre Sachen packen. Er würde uns in einer halben Stunde mit dem Militärfahrzeug bis nach Stettin mitnehmen. Meine Mutter erklärte ihm darauf, dass mein kleiner Bruder nicht reisefähig sei und sie den für diesen Nachmittag versprochenen Arztbesuch noch abwarten wolle. Der Arzt aus Buchholz, einem Nachbarort, kam trotz Tieffliegerbeschuss zweimal in der Woche, um nach Diti zu sehen. Der Soldat aber erwiderte, es sei das letzte Fahrzeug, das Kublank verlasse. Die Russen ständen unmittelbar vor Kublank. Tags darauf wäre es zu spät und wir würden es dann nicht mehr schaffen, den Russen zu entkommen. Er gab meiner Mutter eine halbe Stunde Zeit zum Packen. Sie raffte in Windeseile unsere Habseligkeiten zusammen und legte Diti in den Kinderwagen; sie konnte aber keine Nahrungsmittel mehr einpacken, die uns Falkenbergs sicher mitgegeben hätten, da uns der Soldat pünktlich um 11:30 Uhr abholte. Der Kinderwagen mit Diti und die Sportkarre mit den beiden Koffern wurden verladen. Auf dem Boden des

Kleinlasters lagen dicht an dicht Panzerfäuste. Der Kinderwagen stand darauf, und auch wir und der Soldat saßen auf dieser gefährlichen Ladung. Gegen die Tieffliegergeschosse »schützte« uns nur eine Zeltplane. Obwohl ich damals erst sieben Jahre alt war, wusste ich sehr genau, in welcher Gefahr wir uns befanden. Während der ganzen Fahrt, die etwa eine Dreiviertelstunde dauerte, pfiffen die Kugeln dicht über uns hinweg. Ein einziger Treffer in die Panzerfäuste hätte genügt, um das ganze Fahrzeug in die Luft zu sprengen. Aber seltsamerweise hatte ich wenig Angst, jedenfalls sehr viel weniger als an manchen anderen Tagen unserer Flucht. Vielleicht war es auch der Gedanke daran, dass wir dann alle drei zusammen sterben würden, der etwas Tröstliches hatte.

Jedenfalls kamen wir wohlbehalten in Stettin an. Der Fahrer setzte uns in Bahnhofsnähe ab, und wir erkundigten uns dort sofort nach einem Zug. Fahrpläne existierten nicht mehr, und oft verbrachten Menschen mehrere Tage auf den Bahnsteigen, um einen angekündigten Zug nicht zu verpassen. Meiner Mutter wurde gesagt, dass gegen vierzehn Uhr ein Güterzug nach Stralsund fahren würde. Personenzüge gab es fast gar nicht mehr. Wir kletterten also in einen dieser Güterwaggons, was wegen des fehlenden Trittbretts recht beschwerlich war. Zum Glück kam jemand vorbei, der uns half, zuerst den Kinderwagen und dann die Sportkarre in den Waggon zu heben, denn meine Kräfte hätten nicht ausgereicht, um meiner Mutter dabei wirklich zu helfen. Als sich der Zug nachmittags endlich in Bewegung setzte, atmeten wir auf. Ich schaute in den Kinderwagen und traute meinen Augen nicht: Diti lächelte mich an, er hatte mich zum ersten Mal nach drei Wochen erkannt. Sofort erzählte ich es meiner

Mutter, und auch sie strahlte. Sie sagte nur: »Dann hat er die Krisis überstanden.« Es war der glücklichste Moment in meinem jungen Menschenleben.

Gegen sechs Uhr abends, die Dämmerung war schon hereingebrochen, hielt unser Zug in Anklam. Wir stutzten, denn er sollte bis Stralsund durchfahren. Wir blieben noch eine Viertelsunde im Waggon und hofften darauf, dass sich der Zug wieder in Bewegung setzte. Stattdessen kam ein Bahnbediensteter vorbei und sagte, wir müssten aussteigen, der Zug fahre nicht weiter. Meine Mutter fragte nach dem Weg zum Krankenhaus, und wir beeilten uns, dort anzukommen, bevor das Tor geschlossen wurde. Abgesehen davon war es wieder sehr kalt geworden, und für Diti war diese Kälte gefährlich. Schließlich, gegen neunzehn Uhr, hatten wir unser Ziel erreicht.

Das Krankenhaus war ein flacher Barackenbau, der von hohen Kiefern eingerahmt und gegen Tiefflieger gut getarnt war. Meine Mutter nahm Diti aus dem Kinderwagen, ging hinein und ließ mich draußen warten. Es dauerte etwa eine halbe Stunde, bis sie wiederkam. Ich schaute unterdessen in den frostroten Abendhimmel, gegen den sich die Kiefern schwarz und bedrohlich abhoben, und mich beschlich ein Gefühl kommenden Unheils. Auch der Name Anklam weckte in mir unangenehme Assoziationen. Anklam klang wie klamm, kalt und feucht, auch das Wort Beklemmung kam mir in den Sinn. Obwohl Diti erst einmal gerettet war und wir einem schweren Bombenangriff in Stettin, der die Stadt in dieser Nacht heimsuchte, knapp entronnen waren, konnte ich diese seltsame Angst nicht abschütteln. Es war eine Vorahnung – die erste in meinem Leben – und sie sollte sich schon am 2. April, genau einen Monat später, erfüllen.

Sehr spät an diesem Abend bezogen wir ein kleines, schmales und eiskaltes Zimmer in einer Art Plattenbausiedlung am Rande der Stadt. Wahrscheinlich hatte meine Mutter diese Adresse im Krankenhaus bekommen.

Nun besuchten wir unseren Diti jeden Tag im Krankenhaus zu den Besuchszeiten, die damals ganz streng eingehalten werden mussten. Gleich zu Beginn dieser Besuche geschah etwas Schreckliches. Eines Vormittags betrat eine hübsche brünette junge Frau (etwa Mitte oder Ende zwanzig) in einem grau-braun karierten Glencheck-Kostüm und eleganten Schuhen das Krankenzimmer, in dem etwa zwanzig Kinderbetten standen. Sie schaute sich suchend um, und als sie das Bett ihres Kindes nicht fand, fragte sie eine Schwester: »Wo ist denn mein Kind?« Darauf antworte diese Schwester wortwörtlich: »Ihr Kind ist heute Nacht gestorben. Gucken Sie mal im Leichenkeller nach.« Die arme Frau schlug die Hände vors Gesicht und verließ weinend den Raum. Diese Grausamkeit schnitt mir ins Herz, aber ich behielt meine Gedanken für mich.

Unserem Diti ging es indes jeden Tag ein bisschen besser. Am 8. März, seinem Geburtstag, konnte er sich schon wieder in seinem Bettchen für kurze Zeit aufrichten. Unser Geburtstagsgeschenk waren ein paar Leibniz-Kekse, die er auch brav knabberte. Ich sehe ihn genau vor mir, in diesem scheußlichen roten Nachthemd, das man ihm im Krankenhaus angezogen hatte. Aber wir mussten ja über jedes bisschen, das man uns gab, froh sein.

Brief vom 09.03.1945:

Mein lieber Karl! Gestern hatte nun Diti seinen Geburtstag.

Wer hätte jemals gedacht, dass er diesen Tag in der Fremde und noch dazu so sehr schwer krank verbringen müsste. Aber seit vorgestern ist wieder Hoffnung da, dass er noch einmal durchkommen wird. Jedenfalls versuchte er doch gestern schon, sich aufzurichten, und langte mit den Ärmchen. Als ich ging, weinte er bitterlich, das erste Zeichen, dass er mich wieder kannte. Wir fürchteten schon eine Hirnhautentzündung, aber den Gedanken kann man jetzt Gott sei Dank wieder fallen lassen. Opa war gestern mit dem Güterzug von Stralsund herübergekommen, eine andere Fahrverbindung gibt es nicht. Sie sind dort sehr gut untergebracht im Verhältnis zu mir hier. Ich habe Opa gestern den Auftrag gegeben, für mich und für die nächste Zeit etwas in Stralsund zu besorgen. Denn hier rüstet auch schon wieder alles zur Flucht. Hoffentlich hält es noch so lange an, dass ich Diti transportieren kann, denn dies geschieht nur in offenen Lastwagen oder Güterwagen mit stundenlangem Warten, wenn man erst mal das Glück hat, überhaupt mitzukommen. Mit kleinen Kindern ist das immer ein Problem, es fehlt einem da die Ellenbogenfreiheit. Jetzt ist jeder nur auf sich bedacht. – Volksgemeinschaft – Schlagworte, nichts weiter. – Jetzt rennt jeder nur noch um sein bisschen Leben. Gestern brachte mir Opa Dein Telegramm mit. Es ist dies die erste Nachricht seit Januar von Dir.

Wenn Du schreibst, dann am besten an Miekes Adresse. Sonst geht es uns noch immer so einigermaßen. Allerdings bin ich ziemlich grau geworden. Die Sorge um Diti ist nicht spurlos an mir vorübergegangen. Alles Übrige ist zu verschmerzen.

Innige Grüße
Deine Hiti

Kurz darauf, es mag der 10. März gewesen sein, beschwor die junge Stationsschwester Ilse, eine feine, hübsche Blondine, die ihren Beruf mit Kompetenz und Engagement ausübte, meine Mutter, Diti aus dem Krankenhaus zu nehmen. Bei den vielen kranken Kindern, der Überlastung des Pflegepersonals und dem kriegsbedingten Mangel an ausreichender Hygiene sei die Gefahr sehr groß, dass sich Diti mit einer neuen Krankheit anstecke. Für meine Mutter, die sich zu Recht große Sorgen machte, wie sie ihr geschwächtes und abgemagertes Kind allein mit der Zuteilung der gerade wieder gekürzten Lebensmittelrationen ernähren und aufpäppeln sollte, war dies keine gute Nachricht. Aber noch viel schwerer wog die Tatsache, dass all ihre Versuche, eine andere Unterkunft für uns mit Küchenbenutzung zu finden, scheiterten. Sie allein würde man gerne aufnehmen, zur Not auch mit mir, aber dazu noch ein Kleinkind, bei dem in der Küche Windeln gewaschen werden müssten, das sei zu viel. Also besuchten wir Diti weiter im Krankenhaus. Wie beneideten wir die einheimischen Mütter, die ihre gesund gewordenen Kinder wieder mit nach Hause nehmen konnten!

An einem dieser Nachmittage, die Kinder in dem Bett neben meinem Bruder wechselten, sah ich, wie ein vierjähriger Junge mit starrem Blick und an den Bauch gezogenen Knien regungslos dalag. Zwei Frauen versuchten vergeblich, ihm Himbeersaft einzuflößen, aber er konnte nicht mehr trinken. Ich dachte bei mir: »Warum haben wir keinen Saft? Diti würde ihn bestimmt gerne trinken.« Bis zu diesem Zeitpunkt hatte ich noch kein Kind sterben sehen, aber irgendwie wusste ich, dass dieser Junge nicht überleben würde. Als wir am darauffolgenden Tag das Krankenzimmer betraten, lag ein kleines Mädchen im Bett neben dem meines Bruders.

Brief vom 15. März 1945:

Lieber Karl! Dietrich geht es weiterhin besser; aber Annmareichen hat sich dafür den Popo tüchtig verbrannt. Sie fror so sehr, da hat sie sich mit dem nackten Po an die offene Ofentür gestellt. Und schon war es passiert. – Ich warte hier seit einer Stunde auf das Essen. Annmarei muss zu Hause Brot essen, da sie nicht laufen konnte.

Diti hat wohl furchtbar Heimweh. Jedes Mal, wenn ich mich im Krankenhaus sehen lasse, reckt er die Ärmchen und weint ganz jämmerlich. Wenn ich nur erst eine einigermaßen akzeptable Bleibe hätte. Das Schlimmste ist ja, dass ich keine Betten mithabe. Diese wollen die Leute nie abgeben, auch kleine Kinder wollen sie nicht haben. – Von Dir bekam ich heute wieder zwei Briefe. Vielen Dank dafür.

Innige Grüße

Deine Hite

PS: Versuche mal, eine gute Decke zu bekommen. Ich habe ja gar nichts …

Am Nachmittag des 22. März holten wir Diti aus dem Krankenhaus. Meine Mutter hatte für ihn kleine Weißbrotwürfel mit Margarine und Kunsthonig (echten gab es nicht mehr) vorbereitet; und ich, obwohl ich in Anklam immer hungrig war, wäre nie auf die Idee gekommen, etwas davon zu essen.

Als Diti dann endlich wieder bei uns war – ich hatte diesen Tag so sehr herbeigesehnt –, schien er sich gar nicht zu freuen. Er lächelte nicht, war seltsam apathisch und aß auch von den Weißbrotwürfeln kaum etwas. Ich war enttäuscht und sehr traurig. Wir legten ihn früh schlafen, vielleicht war er sehr müde.

In der Nacht, gegen drei Uhr, wachte ich auf, weil Licht brannte. Als ich meine Mutter fragte, warum sie denn Licht angemacht habe, sagte sie nur: »Diti hat Brechdurchfall. Ich muss ihn am Morgen ins Krankenhaus zurückbringen.«

Brief vom 23.03.1945:

Mein lieber Karl! Der heutige Tag hat mich wieder tief niedergeschlagen, vielmehr der gestrige, aber der heutige hat nun das Maß vollgemacht. – Ich hatte mir gestern Nachmittag den Diti aus dem Krankenhaus geholt, da er ja schon einige Tage fieberfrei war und die Schwestern das Kind nun auch gerne los sein wollten. Schon als ich ihn hier zu Hause auspackte, war ich ganz entsetzt, nur noch Haut und Knochen, gar keine Päckerchen mehr, ein richtiges Häufchen Elend. Aber ich hatte die gute Hoffnung, dass, wenn ich erst eine richtige Bleibe hätte, ich das Kerlchen doch noch gesund kriegen würde. Ich schrieb Dir ja schon, dass ich an Opa und auch an Frau Ziegler wegen eines Zimmers geschrieben hatte. Den Brief von Frau Ziegler, den ich nun heute erhielt, lege ich Dir bei. Von Opa kam durch Mieke ungefähr eine gleiche Abfassung. Annmareichen hat fassungslos geweint, sie hatte sich im Stillen genau wie ich auch so ziemlich vertraut gemacht mit dem Gedanken, dass wir dorthin könnten; zumal der Kreis Franzburg Barth für die Pyritzer ausgewiesen ist, dazu gehört auch Stralsund. – Aber durch die Krankheit des Kindes haben wir nun wahrscheinlich ganz den Anschluss verpasst, eine Bleibe zu bekommen. – Und das Bitterste kommt nun noch. Als ich den Diti hier hatte, da war mir nun auch mit einem Male klar, woher plötzlich dieser elende Verfall seines Körperchens kam. Er war ja durch das Fieber schon sehr heruntergekommen, aber hierzu gar kein

Vergleich. Als ich ihm zu essen geben wollte, ging es los: unaufhörliches Erbrechen, und ein Durchfall, ganz furchtbar! Das hat er sich nun im Krankenhaus noch dazugeholt. Die ganze Nacht habe ich das Kind mit sauberer Wäsche versorgt; als der Wagen ganz beschmutzt war, haben wir zu dritt im Bett gelegen, das heißt, ich habe so halb daneben gesessen, nur immer sein Händchen gehalten. Er wollte meine Hand gar nicht mehr loslassen. Von seinem ganzen Gesichtchen sind nur noch seine großen, schönen Augen geblieben, die mich so jammervoll und Hilfe suchend ansahen. In dieser Nacht bin ich fast verzweifelt. Aber ein kleiner Lichtblick war noch: *Vielleicht hast du morgen endlich Post von Frau Ziegler, dann versuchst du, irgendwie in die Bahn zu kommen und es nach Franzburg Barth zu schaffen, damit mein Kind in guten häuslichen Verhältnissen unter meiner Pflege noch einmal gesund wird.* Denn hier kann ich das Kind nicht behalten. Ich schrieb Dir ja schon, dass die Wirtin selbst sieben Kinder hat, das jüngste erst ein halbes Jahr alt, und auch nur ein Feuerloch zum Kochen. – Und nun, nachdem ich die ganze Nacht durchwacht hatte, was mir durchaus kein freundliches Gesicht meiner Wirtin einbrachte, bekam ich diese Nachrichten. Da blieb mir nun nichts weiter übrig, als mein schwer krankes Kind wieder in den Wagen zu legen und ins Krankenhaus zu bringen, was nun wohl das letzte sein wird. Mein Gott, wie hat der Kleine gejammert, als ich wieder von ihm gehen musste. Ich habe heute den ganzen Tag noch keinen Bissen herunterbekommen; ich kann nur noch weinen. Einmal scheint auch alle Kraft zu erlahmen. Du wirst Dir ja auch ein ungefähres Bild von den heutigen Krankenhausverhältnissen machen können. Jedenfalls hatte er die ganzen Fingernägel voller Schiete usw. und von Pflege wenig Spur. Es kommt ja heute auf ein Menschenleben nicht mehr an! – Und nun kommt heute die Aufforderung, dass alle Flüchtlinge mit Kindern unter zwei Jahren zu verschwinden haben. Also geht hier die Räumung auch schon los! – Was soll dies nur noch werden? – Ich muss so oft denken, warum kann mir all dies Leid um meine Kinder nicht erspart bleiben? Immer die Angst, werde ich sie behalten können, wenn es wieder mal zum Letzten geht, werde ich sie noch heil herausbekommen? Und wohin? Wenn ich nur ein Ziel hätte! – Viele suchen bei der Ankunft, wenn mehrere Erwachsene zusammen sind, selbst mühsam eine Bleibe. Aber ich habe immer die beiden Kinder und stehe allein. Dazu will niemand ein krankes Kind sehen. – Womit haben meine Kinder nur so ein extrem hartes Schicksal verdient? – Von Dir kam nun seit einer Woche auch keine Post mehr. Wie mag es Dir gehen? Annmareichen hat am vorigen Sonntag schon einen Brief an Dich geschrieben, den ich mit einlege.

Herzliche Grüße
Deine Hite

Die nun folgenden drei oder vier Tage konnten wir unseren armen Diti nur im Krankenhaus besuchen. Doch uns sollte noch Schlimmeres erwarten. Als wir am Nachmittag des 27. März das Krankenzimmer betraten, war sein Bett leer. Diti war wegen Verdachts auf Scharlach auf die Isolierstation verlegt worden.

Das bedeutete, dass wir ihn nicht mehr besuchen durften. Wie mag sich der kleine Kerl gefühlt haben, als er, kaum zu seiner Mutter zurückgekehrt, sich wieder im Krankenhaus befand, noch dazu in einem anderen Zimmer, mit anderen Schwestern – ohne ein einziges vertrautes Gesicht? Von nun an gingen wir immer vor- und nachmittags ins Krankenhaus, das heißt, ich wartete draußen, während meine Mutter sich nach Ditis Befinden erkundigte. Sie war überzeugt, dass er nicht an Scharlach, sondern an Masern erkrankt war. Und aus heutiger Sicht denke ich auch, dass sie recht hatte. Denn obwohl weder meine Mutter noch ich gegen Scharlach geimpft waren, hatten wir uns nicht angesteckt. Wie ernst es um meinen kleinen Bruder stand, verdrängte ich. Vielleicht hoffte ich auch insgeheim, dass er es wie in Kublank noch einmal schaffen würde.

Dann endlich – es muss der 30. oder 31. März gewesen sein – konnten wir umziehen in eine Wohnung, die eine Anklamerin aus Furcht vor den Russen bereits verlassen hatte. Leider hatte sie ihr Bettzeug mitgenommen, und wir besaßen keines, nicht einmal eine Decke. Wir mussten uns nachts mit unseren Mänteln zudecken. Tagsüber gingen wir wieder in den Wald, um Holz zu sammeln, eine mühsame Arbeit, denn fast alle Flüchtlinge waren auf die dünnen Zweiglein als Brennholz angewiesen, die auf dem Waldboden von Tag zu Tag weniger zu finden waren.

Aber wir hatten wenigstens eine Küche, in der meine Mutter mit dem gesammelten Holz auf dem Herd eine Suppe oder ein bisschen Kartoffelbrei kochen oder etwas aufwärmen konnte.

Brief vom 01.04.1945:

Mein lieber Karl! Heute am ersten Ostertag vom Küchentisch einen Brief. Wir sind nämlich seit gestern umgezogen, nachdem ich mir tagelang die Füße wund gelaufen habe nach einer neuen Bleibe. Zimmer gab es im Augenblick so einige. Dadurch, dass alle Frauen mit Kindern bis Sonnabend, dem 07. April, Anklam verlassen müssen (d. h. die Flüchtlingsfrauen), waren so einige Zimmer frei geworden. Und dann bin ich von einem zum anderen gerannt. Mich alleine gerne, zur Not auch noch mit Annmarei, aber ohne jede Benutzung der Küche. Und mit Diti nach seiner Wiederherstellung überhaupt nicht. Windeln waschen und kochen für das Kind – um Gottes willen; sie hätten alle die Nase voll davon; so etwas täten sie nie wieder, jemand in die Küche lassen und noch dazu mit einem kleinen Kind, niemals.

Als ich das bei der V.S.O. meldete, bekam ich die wenig beruhigende Antwort: »Ja, das ist eben sehr schwer; Küchenbenutzungen zu bekommen, das ist ziemlich aussichtslos.« – Man kann den Anklamern nur wünschen, dass sie eines Tages auch alle auf der Straße stehen. Die Bombenangriffe hier haben irgendein Mitempfinden wohl noch nicht bewirkt. – Und Annmareichen hat die halben Nächte geheult. »Wenn du mir nichts nebenher kochen kannst, dann muss ich verhungern.« Im Hotel mittags und abends wird sie niemals satt.

Dazu haben wir jedes Mal eine gute halbe Stunde hin und ebensolche zurückzulaufen. Mit dem Essen ist es mit ihr überhaupt solch Problem. Andauernd liegt sie mir in den Ohren: »Ich möchte Kuchen essen, ich möchte dies essen, ich möchte das essen.« Und das ist doch nun ganz aus. Es ist ja auch hart für sie. Hier laufen die Kinder heute mit großen Stücken in der Hand herum, und sie hat nichts. Die Vorräte mussten wir ja zu Hause lassen. Und wenn nun das neue Kartensystem kommt, dann ist es sowieso aus. – Wenn ich denke, dass Ditilein, der nur noch aus Haut und Knochen besteht, mit so wenig wieder aufgepäppelt werden soll, noch dazu, dass uns niemand mit solch kleinem, so pflegebedürftigem Kind haben will, dann denke ich jetzt manchmal doch, es wäre für ihn das Beste gewesen, wenn er schon in Kublank seine Guckerchen für immer zugemacht hätte, als wenn er diese Schmerzen erst noch alle mit durchmachen müsste, um so allmählich langsam, aber sicher einzugehen. Andererseits aber bin ich nächtelang oft verzweifelt bei dem Gedanken, dass ich den Jungen nicht mehr sehen kann, nicht mehr sein Händchen halten kann, das er in letzter Zeit so sehr nach uns ausgestreckt hat. Wie mag ihm wohl zumute sein, wenn er so Tag für Tag alleine liegt, ohne dass die Mutti kommt? – Mieke machte heute in einem Brief den Vorschlag, ich solle doch vorerst, da ich nun doch nicht zu dem Jungen könnte, mit Annmarei nach Stralsund kommen. Aber das tue ich nicht. Hier kann ich doch wenigstens fragen, wie es ihm geht. Ich gehe morgens und abends hin. Die Zugverbindungen sind so schlecht, ich komme ja in einem Tag nicht mal hin und zurück. Zum anderen kann das Krankenhaus ja auch verlegt werden, und ich weiß nachher niemals, wo der Junge geblieben ist. – Solange das Kind noch lebt, gehören wir auf Gedeih und Verderb zusammen. Da mag nun hier kommen, was will. Und Annmareichen will bei der Mutti bleiben, alleine will sie auch nicht nach Stralsund. Was meinst Du dazu? Ich habe jetzt nun hier von einer leer stehenden Wohnung (die Frau ist schon vor längerer Zeit aus Pommern aus Angst vor den Russen getürmt) ein kleines Schlafzimmer und eine große Küche gemietet. Sie verlangt allerdings 45 Mark Miete monatlich dafür, und noch dazu ohne Betten, nur Bettstellen und Matratzen. So war ich am

Freitag den Tag über auf Bettenpump aus. Ich habe nun auch ein Deckbett und zwei Kopfkissen geborgt bekommen, wenigstens das Notwendigste. Ich gehe jeden Tag in den Wald und suche trockene Reiser, damit wir uns Kaffee, Suppe usw. kochen können. Allerdings ein sehr mühsames Geschäft, aber was hilft's. Zum anderen sind nun auch schon mehr Leute dahintergekommen, und es ist nur noch wenig Holz aufzutreiben. – Aber hier sind auch gar keine Feuerungsvorräte, dafür können wir uns hier wenigstens drehen. Übrigens kann ich schon großartig Holz hauen, ich hätte es nie für möglich gehalten. Ich habe bisher zwei Briefe hier ins Krankenhaus bekommen. Auf dem letzten Bild gefällst Du mir nicht, Papilein! Isst Du auch ordentlich? Ihr habt dort doch sicherlich noch genügend!

Innige Grüße
Deine Hite

Hätte meine Mutter unsere neue Bleibe zwei Wochen früher bekommen, wäre Diti nicht wieder krank geworden und läge jetzt nicht auf der Isolierstation. Er wäre bei uns und müsste nicht so allein in seinem Bettchen liegen, ohne dass wir ihn besuchen durften. Wann würde meine Mutter ihn aus dem Krankenhaus abholen können? Würden wir wieder wie in Kublank in allerletzter Minute und unter Lebensgefahr Anklam verlassen müssen, um den Russen gerade noch zu entkommen? Doch es sollten keine drei Tage vergehen bis zum nächsten Schicksalsschlag.

Am Ostermontagnachmittag, es war der 2. April, als ich wieder vor dem Krankenhaus wartete, kam meine Mutter weinend auf mich zu, nahm mich bei der Hand und sagte zu mir: »Diti ist tot.« Ich war völlig überrascht und dachte nur immer: Warum weint sie bloß? Ihre Worte hatte ich zwar gehört, aber irgendwie prallten sie an mir ab. In einer Art Versteinerung weigerte ich mich zu begreifen, dass Diti nicht mehr lebte. Ich konnte auch nicht weinen; ich war wie betäubt und verhielt mich wie eine Marionette. Mich überkam eine seltsame Teilnahmslosigkeit. Hatte ich mich in Anklam oft vor Hunger in den Schlaf geweint oder war meiner Mutter, besonders am Ostersonntag, damit auf die Nerven gegangen, dass ich auch ein Stück Kuchen essen wollte wie die anderen Kinder, die draußen spielten, so war dieses Bedürfnis schlagartig erloschen. Ich aß mechanisch, was man mir gab – es war ja wenig genug –, aber Appetit verspürte ich nicht mehr. Erst viele Jahre später, als ich längst erwachsen war und auf einen großen Schmerz ähnlich reagierte und wo diese Starre sich erst nach Jahren in Tränen löste, begriff ich, wie furchtbar mich der Verlust meines kleinen Bruders getroffen hatte. Seinen Tod habe ich bis zum heutigen Tage nicht verwunden, denn in persönlichen Krisenzeiten verfolgen mich die Bilder seines Leidensweges mit grausamer Schärfe; und ich kann den Tränen nicht Einhalt gebieten.

An die Tage zwischen Ostermontag und dem 07. April 1945 habe ich seltsamerweise keinerlei Erinnerung. Es klafft eine schwarze Lücke bis zum Tage von Ditis Begräbnis. Am Sonnabend, dem 07. April, es war ein warmer, sonniger Frühlingstag, fanden sich meine Mutter und ich gegen vierzehn Uhr auf dem Friedhof vor der Leichenhalle ein, wo schon meine Tante Mieke, die aus Stralsund angereist war, auf uns wartete. Sie fasste mich bei der Hand und fragte: »Willst du deinen Bruder noch einmal sehen?« Ich schrie: »Nein! Ich will nicht!« Meine Mutter sagte zu ihr: Lass sie.« Aber sie, die bisher so tapfer war, hatte nun keine Kraft mehr, um sich gegen ihre Schwägerin durchzusetzen. So folgte ich widerstrebend, fast nur gezogen von meiner Tante, in die Leichenhalle, wo mein kleiner Bruder in einem weißen Sarg aufgebahrt war. Dort bot sich mir ein erschreckender Anblick. Da er erst eine Woche nach seinem Tod beerdigt werden konnte, weil meine Mutter nicht eher einen Sarg bekam – viele Säuglinge wurden bereits in Papiersäcken ins Grab gelegt –, hatte sich seine Haut bereits verfärbt. Seine kleinen Hände waren dunkel, fast veilchenblau, und die vorher roten Masernquaddeln im völlig abgemagerten Gesicht waren auch blau angelaufen. Die Oberlippe war wie in einem Krampf hochgezogen, sodass die Zähne freilagen. Heute weiß ich, nachdem ich miterlebt habe, wie friedlich mein Vater in seinen letzten Stunden dem Tod entgegengleiten konnte, wie qualvoll dieses arme, unschuldige Kind hat sterben müssen und wie verlassen und mutterseelenallein es in seinen letzten Lebenstagen und in seinem Todeskampf war.

Wir begaben uns danach zu der ausgehobenen Grabstelle neben vielen anderen Kindergräbern ohne Namenskreuz. Da die Wege zwischen den einzelnen Grabhügeln höchstens die Breite eines Männerschuhs maßen, waren einige schon zertreten. Mir ging der Gedanke durch den Sinn, dass bald auch das Grab unseres Diti so aussehen würde. Dann kam der Pfarrer und hielt eine Nullachtfünfzehn-Predigt mit Floskeln wie: »Der Herr weiß immer, warum«; »Erde zu Erde, Asche zu Asche« und so weiter. Es gab keine persönlichen Worte, die vielleicht etwas Trost hätten spenden können. Ich hörte nicht mehr auf das leere Gerede des Pfarrers, sondern lauschte dem

Gesang der Vögel und dachte nur immer: »Warum scheint die Sonne, warum singen die Vögel? Mein geliebter Diti ist doch tot!« Ich konnte auch jetzt nicht weinen. Es regte sich eher ein Anflug von Zorn in mir darüber, dass Gott so etwas zuließ, schließlich nannte er sich doch »lieber Gott«. Als der Pfarrer seine Predigt beendigt hatte und das Grab zugeschaufelt worden war, steckten wir ein paar Forsythienzweige in die Erde, in der Hoffnung, dass vielleicht einmal ein Busch daraus wachsen würde. Es waren die einzigen Blumen, die wir Diti mitgeben konnten und mit denen meine Tante auch seinen Sarg geschmückt hatte. Dann verließen wir schweigend den Friedhof. Danach erlischt meine Erinnerung. Die nun folgenden Tage sind aus meinem Gedächtnis völlig ausgeblendet. Nur aus der Rekonstruktion weiß ich, dass wir kurz darauf nach Stralsund gefahren sind. Ich erinnere mich jedoch weder an die Zugfahrt noch daran, wie viele Tage wir danach noch in Anklam verbrachten. Es mag vielleicht eine Woche gewesen sein. Ich erinnere mich aber sehr wohl daran, dass ich in den Nächten nach Ditis Begräbnis schreckliche Albträume hatte. Es war immer derselbe Traum: Diti lag neben mir im Bett, aber nicht, wie ich ihn von früher kannte, sondern als Leiche, und er sah genauso schrecklich aus wie am Tage seines Begräbnisses. Wenn ich danach voller Angst aufwachte, war es mitten in der Nacht oder ganz früh am Morgen. Ich weckte meine Mutter nicht und erzählte ihr auch am Tage nichts davon. War ich vorher schon ein durch überstrenge Erziehung stilles und verschüchtertes Kind gewesen, das für Dinge, über die andere Erwachsene nur geschmunzelt hätten, gescholten oder ausgelacht worden war, so verschloss ich mich jetzt vollends. Ich verstummte und sprach fast nur noch, wenn ich gefragt wurde. Aus heutiger Sicht glaube ich, dass es eine Schutzfunktion war, die mich so reagieren ließ. Nach dem Tod meines Bruders, dessen Verlust ich nie überwunden habe, und dem ersten großen Schmerz, den ich damals durchleiden musste, war ich nicht mehr in der Lage, noch weitere Verletzungen zu ertragen. So verschloss ich meine Gefühle und verbarg meine Ängste vor anderen Menschen.

In Stralsund angekommen, gingen meine Mutter und ich zuerst zu meinen Großeltern und zu meiner Tante, die bei einer Familie Bahnsemmer untergekommen waren. Mein Großvater hatte ein etwa fünfzig Zentimeter hohes Holzkreuz für Ditis Grab angefertigt. Die Materialbeschaffung dafür war damals äußerst schwierig. Er hatte in mühevoller Kleinarbeit mit einem erhitzten Nagel Pünktchen in das Holz gebrannt, woraus sich die folgenden Buchstaben geformt hatten: Karl-Dietrich Bru, die letzten Buchstaben fehlten. Er war nicht fertig geworden. Es war der letzte Liebesdienst, den er seinem Enkel und Namenserhalter erweisen konnte. Meine Tante Mieke war unverheiratet, und sein jüngster Sohn, mein Onkel Heinz, hatte noch keine Kinder. Natürlich konnten wir dieses Kreuz nicht mehr nach Anklam bringen und auf Ditis Grab setzen. Aber wie symbolträchtig es mit dem unvollendeten Namen, besonders für meinen Großvater, werden sollte, konnten wir zum damaligen Zeitpunkt noch nicht ahnen.

Da bei Bahnsemmers für uns kein Platz war, bezogen wir ein Zimmer bei einer Frau Bahnsen, einer freundlichen Frau, etwa im Alter meiner Mutter. Sie hatte drei Kinder: zwei Mädchen und einen kleinen Jungen, der kaum älter war als Diti, wenn er noch gelebt hätte. Ich fühlte mich zu diesem Kind besonders hingezogen und freute mich, wenn ich im Garten auf ihn aufpassen durfte.

Während der zwei Wochen, die wir nun in Stralsund verbrachten, gingen wir mittags in die Innenstadt zu einem Restaurant, wo wir gegen Abgabe von Lebensmittelmarken eine warme Mahlzeit bekamen. Es gab fast immer das gleiche Gericht: Kartoffeln mit Weißkohl in einer undefinierbaren Maggisoße ohne Fett. Da wir keinerlei Vorräte, kein Salz oder Gewürze, geschweige denn Fett, in welcher Form auch immer, besaßen, war dieses Essen unter den gegebenen Umständen wohl das Optimum. Es füllte jedenfalls für eine Stunde den Magen. Eines Tages, als wir uns wieder auf dem Weg zum Restaurant befanden, sahen wir auf dem großen Platz, den wir überqueren mussten, einen Mann mit herausgestreckter Zunge und hervorquellenden Augen in dem blauvioletten Gesicht an einem Baum hängen. Er trug ein Pappschild auf dem Rücken mit den folgenden Worten: »Er hat Flüchtlingen Viehsalz als Speisesalz verkauft und sie damit getötet.« Man hatte ihn in einer Art Lynchjustiz zur allgemeinen Abschreckung dort erhängt. Für mich war es der zweite schrecklich anzusehende Tote, dem ich in meinem jungen Leben begegnete – ich war ja noch nicht einmal acht Jahre alt. Es sollte jedoch nicht der letzte sein.

Dann kam der 30. April, es war ein sonniger, warmer Frühlingstag. Die Russen waren weiter vorgerückt und standen direkt vor Stralsund. Ich weiß nicht, was meine Mutter plötzlich bewogen hatte, jetzt noch Stralsund zu verlassen und weiter zu flüchten. Es war eigentlich sinnlos, denn, um den Russen zu Fuß zu entkommen, war es viel zu spät. Jedenfalls machten wir uns auf den Weg und verließen gegen vierzehn Uhr die Stadt, unsere Habe verteilt auf Kinderwagen und Sportkarre. Gegen siebzehn Uhr erreichten wir das etwa sieben bis zehn Kilometer entfernte Dorf Duvendiek. Wir brauchten solange für die wenigen Kilometer, da uns unterwegs einige Panzersperren das Fortkommen erschwerten. Sonst wären wir wohl eine Stunde früher angekommen.

Dort fanden wir auf einem großen Gutshof Zuflucht in einer riesigen Scheune, in der schon etwa zwanzig Flüchtlinge zwischen den Strohballen Platz gefunden hatten. Ich war davon ausgegangen, dass wir am nächsten Morgen weiterlaufen würden, aber meine Mutter blieb. Vielleicht hatten ihr die anderen Flüchtlinge klargemacht, dass wir den Belagerungskessel der Russen nicht mehr durchbrechen konnten und ein Weiterfliehen unmöglich und sinnlos war. Jedenfalls blieben wir in der Scheune und verbrachten dort unsere zweite Nacht. Mittags hatte es für uns Flüchtlinge einen Teller warme, kräftige Suppe gegeben, die das Dienstpersonal der Gutsbesitzer in einem großen Kessel gekocht hatte. Es war kein in Wasser und Maggi gekochter Weißkohl, den wir in unserem Stralsunder Restaurant bekommen hatten, sondern ein guter Eintopf. Dann folgte die dritte Nacht in der Scheune. In der Morgendämmerung wurde ich durch eine allgemeine Unruhe, die sich der Flüchtlinge bemächtigt hatte, geweckt; und dann sagte jemand: »Die Russen sind da!« Wir erstarrten vor Schreck. So ähnlich müssen die Römer empfunden haben, als sie den Ruf vernahmen: »Hannibal ante portas!« Natürlich standen keine Krieger auf furchterregenden Elefanten vor unserer Scheune, aber wir mussten auf alles gefasst sein. Es waren beileibe keine Ammenmärchen, dass die Russen Frauen vergewaltigten, wahllos Menschen erschossen, vor allem dann, wenn sie sich irgendeiner Aufforderung widersetzten. Zitternd vor Angst und gelähmt vor Schreck harrten wir in der Scheune aus, bis wir dort am frühen Vormittag entdeckt wurden. Meine Mutter und ich wurden nun mit anderen Flüchtlingen ins Gutshaus gebracht. Uns wurde ein großer Raum zugewiesen, in dessen Mitte ein ausladender Tisch und Stühle standen. Entlang der Wände lag überall Stroh, und jedem von uns wurde eine ungefähr bettbreite Strohschütte zugeteilt. Kaum hatten wir uns dort niedergelassen, als die Zimmertür aufflog und ein Russe im Raum stand. Voller Angst blickten wir zu Boden und waren auf das Schlimmste gefasst. Aber er lief nur von einer Frau zur anderen und fragte in barschem Ton: »Urr (Uhr)? Schnaps?« Wir schüttelten den Kopf, und er verschwand, ohne uns angetastet oder in unseren Habseligkeiten gewühlt zu haben. Diese Szene wiederholte sich mehrmals am Tag mit immer wechselnden Russen. Ganz anders dagegen die Polen. Wenn diese nicht bekamen, was sie wollten, schlugen sie die Menschen und setzten ihnen die entsicherte Pistole auf die Brust. Aber davon später. Zu diesem Zeitpunkt wussten wir noch nichts von den künftigen Torturen.

Dann kam die erste Nacht in dem Zimmer, und vor lauter Angst schliefen wir kaum. Aber es geschah nichts. Am nächsten Vormittag banden sich meine Mutter und andere junge Frauen Kopftücher um, zogen sie tief über die Stirn und beschmierten sich das Gesicht mit Asche, damit sie hässlicher und älter aussahen; bis auf eine Ausnahme. Es war ein unverheiratetes Fräulein (um die vierzig), das zusammen mit seiner Mutter ein kleines Nebenzimmer bewohnte. Die Tochter war sehr groß – damals sagte man, dass so große Frauen nie einen Mann bekämen –, trug eine Brille und besaß schreckliche Raffzähne. Mit diesen lächelte sie völlig entspannt, als wollte sie sagen: »Das habt ihr jungen hübschen Frauen nun davon. Ich brauche keine Angst vor den Russen zu haben.« Wahrscheinlich genoss sie zum ersten Mal in ihrem Leben die Vorzüge ihres hässlichen Aussehens. Meine Mutter setzte sich also an den großen Tisch, zog mich auf ihren Schoß, damit ich kleinkindlicher wirkte und sie zugleich den Russen damit signalisierte: »Seht her! Ich bin eine Mutter, rührt mich nicht an!« Kaum hatten wir uns dort niedergelassen, als schon zwei Russen eintraten und sich zu uns an den Tisch setzten. In gebrochenem Deutsch erzählten sie, dass sie zu Hause in Russland auch Frau und Kinder hätten. Langsam wich unsere Angst, als wir begriffen, dass sie uns nichts tun, sondern nur ein bisschen Deutsch sprechen wollten. Einer schenkte mir ein Bonbon, das ich aber nachts heimlich in der Strohschütte verschwinden ließ, aus Angst, es könnte vergiftet sein; denn zu viel Schlimmes hatte ich über die Russen gehört. Viel später erst wurde mir bewusst, dass diese beiden Männer anständige Kerle waren, die selbst kaum etwas besaßen, weil sie sich nicht an den Flüchtlingen bereichert hatten. Aus heutiger Sicht glaube ich auch, dass wir es nur einem humanen russischen Kommandanten, der zugleich seine Soldaten fest im Griff hatte, verdankten, dass es in Duvendiek zu keinen Übergriffen und keinen Vergewaltigungen gekommen war – weder im Gutshaus noch in der Scheune. Ich wunderte mich damals, dass auf der großen Tenne immer zwei Russen saßen, die die ganze Nacht über ein Feuer unterhielten. Viel später erst begriff ich, dass damit die Flüchtlingsfrauen vor potenziellen Vergewaltigern bewahrt worden waren, die sich sonst im Schutze der Dunkelheit in die Scheune hätten schleichen können.

Am darauffolgenden Morgen leerte sich der Raum im Gutshaus. Nur meine Mutter und ich blieben zurück. Schon am Vortag hatten einige Frauen das Zimmer verlassen. Wahrscheinlich besaßen sie in Stralsund oder in der Umgebung eine Wohnung oder eine Bleibe, wohin sie jetzt zurückkehrten. Meine Mutter wollte nicht mit mir allein in dem großen Raum bleiben, und die spätere Erfahrung lehrte uns auch, dass Frauen in einer Gruppe besser vor Vergewaltigungen geschützt waren, als wenn sie als Einzelpersonen den Russen in die Hände fielen. Wir packten also unsere Habseligkeiten zusammen und begaben uns damit zur Scheune, in der Hoffnung, dort wieder einen Schlafplatz zu finden. Gleich am Eingang auf der Tenne trat eine Frau auf uns zu. Sie zitterte am ganzen Körper, auch ihr Kinn zitterte, als sie uns fragte, ob wir nach Stralsund zurückgingen. Sie war etwa Ende dreißig, Anfang vierzig, trug einen Kamelhaarmantel und hatte nur eine Handtasche bei sich. Sie war in panischer Angst einen Tag zuvor nach Duvendiek geflohen; denn im Nachbarhaus hatten die Russen eine einundachtzigjährige Frau vergewaltigt, die dann kurz darauf gestorben war. Nun, da sie auch hier den Russen nicht ausweichen konnte, wollte sie wieder zurück nach Stralsund in ihre Wohnung, traute sich aber nicht, den Weg allein zurückzulegen. Meine Mutter sagte ihr, dass wir wohl mitgehen würden, aber da wir keine Bleibe hätten, sie uns bei sich aufnehmen müsste. Dazu war sie auch sofort bereit. Es war der 5. Mai 1945, mein achter Geburtstag. Wir machten uns also auf den Weg und erreichten nach knapp zwei Stunden Stralsund, ohne unterwegs behelligt worden zu sein.

Die verängstigte Frau hatte sich inzwischen in Gegenwart meiner couragierten Mutter beruhigt und zitterte nicht mehr. Sie wohnte in der Innenstadt, im Hinterhaus eines großen Gebäudes. Dank eines weitläufigen Innenhofes, auf dem ein schöner Baum stand, war ihre Wohnung verhältnismäßig hell und freundlich. Jedenfalls war sie unversehrt und von den Russen weder aufgebrochen noch verwüstet worden. Dort angekommen, sagte ich, dass ich heute Geburtstag hätte. Vielleicht hoffte ich insgeheim, dass sie mir ein kleines Geschenk, vielleicht einen Apfel oder ein Stück Brot geben würde, denn meine Mutter hatte ja nichts für mich. Aber sie reagierte nicht. Dennoch war ich dankbar, dass wir wieder ein Dach über dem Kopf hatten. So lebten wir hier trotz aller Entbehrungen etwa fünf bis sechs Wochen in Ruhe und ohne Angst. Nach der Vergewaltigung der Einundachtzigjährigen im Vorderhaus hatten die Russen sich offensichtlich ausgetobt. Ich hatte keine Puppe, überhaupt kein Spielzeug, und es wohnten in diesem Haus keine Kinder, mit denen ich hätte spielen können. Diti fehlte mir, ich vermisste ihn schrecklich, aber ich fühlte mich nach dem gefährlichen Vagabundenleben voller Angst seit Langem wieder sicher.

In den ersten Junitagen hatte meine Mutter noch einmal Post von meinem Vater aus Finnland erhalten, wo er als Soldat stationiert war. Er hatte Anfang April nach Ditis Tod an uns geschrieben. Danach jedoch riss jede Verbindung ab. Seit ich ins zweite Schuljähr versetzt worden war, schrieb ich auf Geheiß meiner Mutter kleine Briefchen an meinen Vater. Nun erhielt ich zum ersten Mal Post von ihm. Er wollte mich über Ditis Tod hinwegtrösten, schrieb mir, dass mein kleiner Bruder nun im Himmel bei den Engeln sei und es ihm gut gehe und er nun nicht mehr hungern und frieren müsse. Doch da mein Vater mir früher nie etwas vom »lieben Gott« und von Engeln erzählt hatte, auch kein Kirchgänger war, konnte ich mich des Gefühls nicht erwehren, dass er selbst nicht glaubte, was er schrieb, sondern mich nur trösten wollte. Dieser Brief rührte mich, spürte ich doch auch seine

Trauer, aber ich konnte mir einfach nicht vorstellen, dass Diti im Himmel weiterlebte. Er war für uns für immer verloren.

II. Die erzwungene Rückkehr nach Pyritz

Dann kam etwa eine Woche später eine schreckliche Nachricht. Die Flüchtlinge sollten keine Lebensmittelkarten mehr bekommen. Damit wurden sie gezwungen, in ihre zerstörte Heimat, ins Ungewisse, zurückzukehren, wenn sie nicht Menschen fanden, die sie in diesen Hungerzeiten durchfüttern wollten und konnten. Als meine Mutter mir eröffnete, dass wir nach Pyritz zurückmüssten, beschwor ich sie, hier in Stralsund zu bleiben. Zwar wusste ich, was es bedeutete, keine Lebensmittelkarten mehr zu haben und auf die wenige Nahrung auch noch verzichten zu müssen, aber mich plagten Ängste und unheilvolle Ahnungen. Natürlich wusste ich nicht, was kommen würde, doch ich fühlte instinktiv, dass uns Schlimmes bevorstand, sollten wir nach Pyritz zurückgehen. Immer wieder sagte ich zu meiner Mutter: »Ich will nicht zurück!« Ich konnte mir einfach nicht vorstellen, dass wir in unserer Heimatstadt Pyritz, die zu 95 Prozent zerstört worden war, und das wussten wir, ein auch nur annähernd geregeltes Leben fristen würden, denn unser Haus und das meiner Großeltern war niedergebrannt worden. Wo sollten wir wohnen? Woher etwas zu essen bekommen, wenn doch alles zerstört und verwüstet war? Und auf die Idee, dass Russen und Polen uns verpflegen würden, wären selbst naive Fantasten nicht gekommen. Hier hatten wir wenigstens ein Dach über dem Kopf und eine Schlafstatt. Selbst als meine Mutter sich schon von unserer Beherbergerin – den Namen habe ich leider vergessen – verabschiedet hatte, bat ich noch einmal: »Lass uns hierbleiben! Ich will nicht zurück!« Natürlich konnte ich meine Mutter nicht umstimmen, und so gingen wir mit unseren Habseligkeiten am

Abend des 17. Juni gegen achtzehn Uhr zum Bahnhof, wo ein Zug für die Flüchtlinge bereitgestellt worden war. Wir hielten Ausschau nach einem Güterzug, aber stattdessen mussten wir auf einen offenen Lorenwagen klettern. Es gab keine Bank oder Strohschütte, nichts dergleichen. Wir saßen oder lagen auf dem schmutzigen Metallboden wie auf einer Tischplatte, jedweder Witterung preisgegeben, und warteten darauf, dass der Zug abfuhr. Aber er fuhr nicht, auch nicht am nächsten Tag. Da es tagsüber sehr heiß und nachts oft sehr kühl war, legten sich manche unter den Zug auf die Schienen. Am Abend des übernächsten Tages setzte sich der Zug ohne jede Vorwarnung in Bewegung. Wir hielten erschrocken den Kinderwagen fest, damit er nicht von der Lore rollte. Einer Frau, die unter dem Zug gelegen hatte, wurden dabei beide Beine abgefahren. Zum Glück musste ich es nicht mit ansehen. Ob diese Frau noch in ein Krankenhaus gebracht wurde oder an Ort und Stelle verblutete, weiß ich nicht. Unter den damaligen medizinischen und hygienischen Verhältnissen konnte man ihr nur einen raschen Tod wünschen.

Von nun an mussten wir uns wieder daran gewöhnen, nie zu erfahren, warum oder gar wann etwas geschah, sondern immer auf alles gefasst sein. Verlassen konnten wir uns nur auf Willkür, Chaos, Hunger und Angst, die nun wieder unsere ständigen Begleiter wurden.

Als der Zug sich in Bewegung setzte, dachten wir natürlich, er fahre ohne Unterbrechung in unsere Heimatorte, aber weit gefehlt! Nach ein oder zwei Stunden Fahrt hielt der Zug; und nichts rührte sich. Erst am nächsten Morgen erfuhren wir des Rätsels Lösung. Alle jungen arbeitsfähigen Frauen, darunter auch meine Mutter, wurden abkommandiert und gezwungen, Schienen aufzuschrauben und aufzunehmen, die dann später unter dem Sammelbegriff »Demontage« – sprich offizieller Diebstahl – von den Russen in die Sowjetunion transportiert wurden. Meine Mutter kam erst abends zurück. Den ganzen Tag über war ich allein und mir selbst überlassen. Nur sonntags brauchten die Frauen nicht zu arbeiten und konnten bei ihren Angehörigen bleiben. Natürlich war keine Rede davon, dass wir in irgendeiner Weise von den Russen verpflegt wurden. Wir mussten von dem leben, was wir mitgebracht hatten – in unserem Falle: so gut wie nichts – und von ein paar Beeren, die am Bahndamm wuchsen. Mittlerweile war auf mehreren Loren die Ruhr ausgebrochen, sogar von einigen Typhuskranken wurde berichtet. Zu allem Unglück drohte uns nun auch diese Gefahr. So lebten wir etwa zehn bis zwölf Tage auf oder in der Nähe des Zuges, der, in ganz unregelmäßigen Abständen, plötzlich, ohne jede Vorankündigung, anfuhr, ein paar Kilometer zurücklegte und dann wieder stehen blieb.

An einem dieser Tage, es war warm, die Sonne schien, ohne zu brennen – ich war wie üblich ganz allein –, entdeckte ich in der Nähe unserer Lore eine Art Brücke, die einen tiefen Graben überspannte. Dahinter lagen parallel zu den Schienen Schrebergärten. Ich überquerte den Steg, lief durch die Gärten, fand sogar ein paar reife Stachelbeeren zum Essen und freute mich über das viele Grün. Seit langer Zeit empfand ich so etwas wie Ruhe und Frieden. Doch plötzlich durchzuckte mich ein schrecklicher Gedanke: *Was, wenn der Zug plötzlich weiterfährt?* Ich zögerte noch, denn es war so schön und friedlich in diesen Gärten, aber dann packte mich die nackte Angst. Ich begann zu laufen; es gab keinen weiteren Steg, den ich überqueren konnte, um wieder an den Zug zu gelangen und notfalls auf einen anderen Wagen zu klettern. Ich müsste zurück zur alten Brücke in der Nähe unserer Lore am Ende des Zuges. Ich lief immer schneller. Schließlich erreichte ich den Steg, überquerte ihn und kletterte auf den Wagen, als sich der Zug auch schon in Bewegung setzte. Er hielt zwar wieder nach ein paar Kilometern, aber das konnte ich nicht wissen. Es war kein Mensch in der Nähe, der meiner Mutter hätte Bescheid sagen können. Ich hätte eine furchtbare Angst gehabt, völlig allein auf den Gleisen zurückzubleiben und dort umzukommen. Sonst hatte ich seltsamerweise keine Angst, meine Mutter zu verlieren, obwohl – objektiv gesehen – so etwas durchaus hätte passieren können. Nur einmal war ich sehr unruhig, als sie abends noch nicht da war. Gewöhnlich kam sie zwischen neunzehn und zwanzig Uhr vom Schienenaufnehmen zurück. Nun dämmerte es bereits, und sie war immer noch nicht zu sehen. Dann, endlich, kurz vor zweiundzwanzig Uhr, kam sie und brachte mir in einem Kochgeschirr etwas Kartoffelbrei mit.

Inzwischen hatten wir uns schon weit von Stralsund entfernt und befanden uns irgendwo auf freier Strecke. Es war Sonntag – man merkte es daran, dass tagsüber wieder Leben am Zug herrschte, denn die Frauen brauchten an diesem Tag nicht zu arbeiten. Um die Mittagszeit wurde gekocht, aber wie? Es gab natürlich keine Gas- oder Spirituskocher oder sonstige Hilfsmittel. Man nahm zwei Ziegelsteine, stellte sie hochkant, legte etwas Reisig dazwischen, entzündete das Holz und setzte den Kochtopf auf die Steine. Zum ersten Mal in meinem Leben begriff ich, wie kostbar Streichhölzer sein können. Meine Mutter besaß keine mehr. Da auch Papier fehlte – als Taschentücher und Toilettenpapier benutzen wir grüne Blätter –, entfachte sie an einer anderen Feuerstelle etwas Reisig und brachte es zu ihren Ziegelsteinen zurück, um selbst Feuer zu machen. Leider glückte diese Aktion nicht immer auf Anhieb, sodass das Holz nur anfing zu qualmen und nicht brennen wollte. Trotzdem gelang es ihr, aus grünen Stachelbeeren, Wasser und etwas Kartoffelstärke eine Art warmen Pudding zu kochen, natürlich ohne Zucker, denn bereits in Stralsund bekamen wir selbst auf Lebensmittelkarten keinen Zucker und kein Salz mehr zu kaufen. Obwohl dieser Pudding für uns damals eine kleine Köstlichkeit war, hatte ich keinen Appetit. »Iss doch, Annmareichen«, sagte meine Mutter besorgt, aber ich schüttelte nur den Kopf; ich konnte nicht. Wieder spürte ich diese eigenartige Beklemmung und eine unbestimmte Angst wie damals in Anklam, als ich vor dem Krankenhaus warten musste.

Und dann kam diese schreckliche Nacht! Es muss einer der drei letzten Junitage gewesen sein. Abends zwischen neunzehn und zwanzig Uhr setzte sich der Zug in Bewegung. Es war kühl geworden, der Himmel dunkelgrau und regenverhangen. Meine Mutter und ich saßen nun auf den kalten rostigen Schienenstücken, die jetzt auf den Loren abtransportiert wurden. Wir fröstelten in dem kalten Nieselregen, dem wir schutzlos preisgegeben waren. Gegen Mitternacht passierten wir den Bahnhof von Pasewalk. Dann verlangsamte der Zug seine Fahrt, bis er sich nur noch im Schritttempo fortbewegte. Uns beschlich eine unheilvolle Ahnung. Und dann, etwa eine halbe Stunde später, um halb ein Uhr nachts, irgendwo zwischen Podejuch und Frankfurt an der Oder, hielt der Zug. Warum? Was war passiert? Gab es einen Maschinenschaden an der Lokomotive? Plötzlich hörten wir Frauen auf den benachbarten Loren schreien. Nun zitterten wir nicht mehr nur vor Kälte, sondern auch vor Angst. Meine Mutter und ich kauerten uns mucksmäuschenstill aneinander und wagten kaum zu atmen; denn jetzt gab es keinen Zweifel mehr. Russen hatten den Zug gestoppt, gestürmt und vergewaltigten nun im Schutze der Dunkelheit die Frauen auf den Loren. Dann, endlich, nach einer qualvollen halben Stunde, die uns schier endlos vorkam, verstummten die Schreie der Frauen. Der Zug setzte sich wieder in Bewegung und fuhr danach ohne Halt bis Stargard, wo wir mittags ankamen und den Zug verlassen mussten.

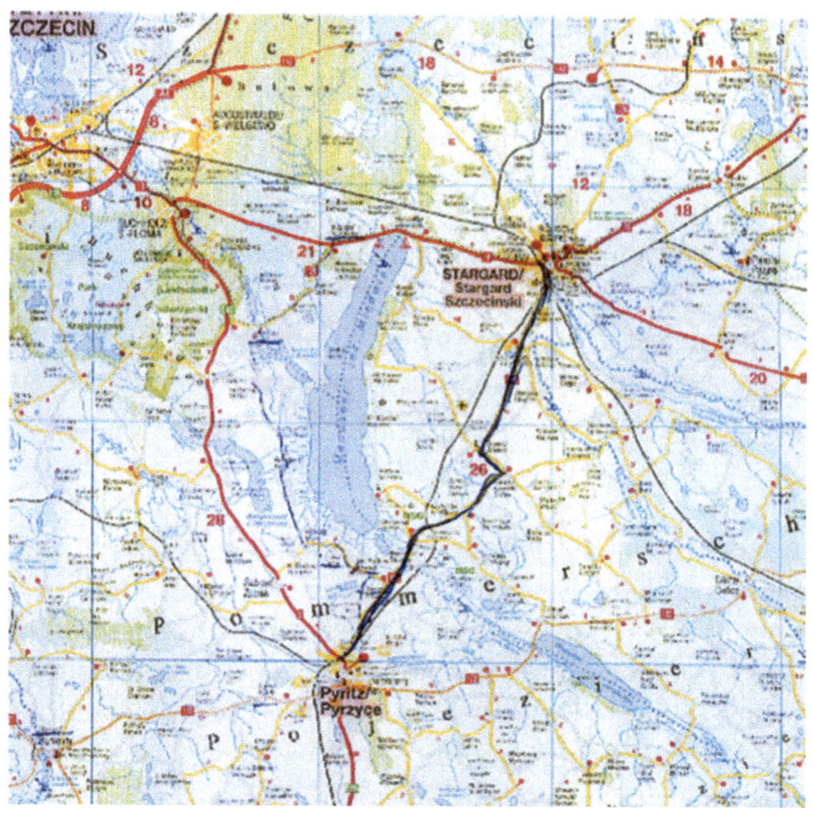

von Stargard → Pyritz = 26 km

Inzwischen waren meine Tante und meine Großeltern wieder zu uns gestoßen, und wir versuchten, in Erfahrung zu bringen, ob irgendein Verkehrsmittel uns nach Pyritz mitnehmen konnte. Aber all unsere Bemühungen waren vergebens. Uns blieb nichts anderes übrig, als die etwa achtundzwanzig Kilometer lange Strecke zu Fuß zurückzulegen. Zunächst gingen wir ein Stück stadteinwärts. Dabei erblickten wir deutsche Kriegsgefangene, die von russischen oder polnischen Soldaten herumkommandiert wurden. Sie boten ein Bild des Jammers. Die grauen Militärmäntel schlotterten um ihre ausgemergelten Körper. Sie glichen eher einer Schar verängstigter Tiere als menschlichen Wesen, denn ihre Menschenwürde hatte man ihnen längst genommen. Mir krampfte sich das Herz zusammen, aber nicht allein wegen dieses Anblicks, sondern ich empfand eine bleierne bedrückende Stimmung, die von dieser Stadt ausging: kein Gefühl von Heimat mehr, nur Beklemmung.

Schließlich erreichten wir die Landstraße nach Pyritz. Weit und breit gab es keine Menschenseele, nur wir allein auf der Chaussee. In stummer Beklommenheit – keiner von uns sprach ein Wort – liefen wir weiter, als uns plötzlich eine zweispännige Kutsche, besetzt mit zwei Polen, entgegenkam. Sie befahlen meiner Mutter, meiner Tante und mir, ihnen zu folgen, und sagten nur: »Kommandantur«. Uns kam das Ganze absurd und unheimlich zugleich vor. Wo sollte sich hier außerhalb jeder Ortschaft eine Kommandantur befinden?! Aber was sollten wir tun? Kein Gesetz schützte uns. Wir waren vogelfrei wie die geächteten Menschen im Mittelalter, die man misshandeln, ausrauben und sogar töten durfte, ohne dafür bestraft zu werden. Also mussten wir den Polen in einen Seitenweg abseits der Chaussee folgen. Nach etwa einem Kilometer hielt die Kutsche vor einer Villa, in der uns schon eine junge Polin erwartete. Sie durchstöberte sofort unser Gepäck, nahm, was ihr gefiel, und packte diese Sachen in einen von unseren Koffern, den sie behielt. Danach durften wir wieder zurück auf die Landstraße. Nun hatte ich nur noch einen ganz kleinen Koffer in der Sportkarre zu transportieren. Muttis Pelzmantel, ihre Winterstiefel, das schöne schwarze Wollkleid, das sie nach Ditis Tod in Stralsund getragen hatte, Leibwäsche und anderes mehr hatte das polnische Weib ihr gestohlen.

Was würde uns noch erwarten? Bedrückt und niedergeschlagen setzten wir unseren Weg fort.

Bald trafen wir wieder auf meine Großeltern, die die Polen unbehelligt gelassen hatten. Am frühen Abend erreichten wir dann todmüde und hungrig nach diesem Gewaltmarsch von achtundzwanzig Kilometern endlich Pyritz. Wir strebten gleich dem Weinberg zu, einer Neubausiedlung mit hübschen modernen Ein- und Mehrfamilienhäusern, umgeben von schönen Gärten, die sich außerhalb der Stadtmauern befand und in der Karl und Anna Liersch, Onkel und Tante meiner Mutter, gewohnt hatten. Denn dass die gesamte Innenstand, das Haus meiner Großeltern, auch das Haus, das mein Vater bereits gekauft, aber noch nicht bewohnt hatte, zerstört und niedergebrannt waren, hatten wir schon in Kublank erfahren.

Unsere ganze Hoffnung konzentrierte sich nun auf den Weinberg, aber als wir dort ankamen, trauten wir unseren Augen nicht: Auch das Haus von Onkel Karl und Tante Anna war völlig zerstört. Wir mussten uns also eine andere Bleibe suchen.

Schließlich fanden wir auf dem Weinberg ein unbewohntes, halb zerschossenes Haus ohne Fensterscheiben und Türen. Im Dach klaffte ein riesengroßes Loch, aber es war ja Sommer. Und zum Glück fanden wir drinnen noch Bettgestelle mit Matratzen, sodass wir die Nacht nicht im Freien verbringen mussten. Die zur Straße liegenden Fenster waren mit Pappe vernagelt, sodass wir dadurch etwas Schutz vor schlechtem Wetter hatten.

Andererseits – es gab ja keinen Strom, keine Petroleumlampen oder Kerzen – herrschte in einigen Räumen völlige Dunkelheit; die Küche lag im Halbdunkel, weil das Loch im Dach etwas Licht spendete.

Am nächsten Tag, ich glaube, es war ein Sonntag – uns quälte entsetzlicher Hunger – machten meine Großmutter, meine Mutter und ich uns auf den Weg, in der Hoffnung, zwischen den Trümmern unseres Hauses noch etwas Essbares zu finden. Als wir am Stettiner Tor ankamen, war dieses durch einen riesigen Schuttberg blockiert. Der mächtige Turm und ein Teil der meterdicken Stadtmauer lagen als Trümmer vor dem Eingang zur Stettiner Straße, wo einmal unser Haus gestanden hatte. Wir kletterten also über diesen Trümmerberg und befanden uns kurz darauf zwischen den Ruinen unseres einstigen Zuhauses, der Stettiner Str. 32. Auch hier war kein Stein auf dem anderen geblieben. Der Zugang zum Luftschutzkeller, in dem wir drei Nächte und zwei Tage zugebracht hatten, war total verschüttet; aber der Eingang zum Vorratskeller, der zur Straße hin lag, war nicht ganz eingestürzt. Meine Mutter tastete sich trotz der drohenden Einsturzgefahr die ausgetretenen Stufen hinunter, kam aber bald mit leeren Händen wieder nach oben. Es waren schon andere vor uns da gewesen, die den Keller leer geräumt hatten. Nun suchten wir weiter in den Trümmern des großen Innenhofes, der einmal von drei Hausseiten eingegrenzt war, wo sich ehemals die Wohnung meiner Tante, das darüberliegende vermietete Geschoss auf der einen Seite und ein Teil unserer Wohnung mit Küche und Speisekammer auf der anderen Seite befunden hatten. Wir stocherten in dem Schutt herum und fanden schließlich eine Handvoll loser Haferflocken, die wir, so gut es eben ging, vom Schmutz befreiten, und – Ironie des Schicksals – ein Tütchen Vanillezucker, das unversehrt geblieben war.

In den Tagen und Wochen danach war ich sehr viel allein. Meine Mutter und meine Tante verließen frühmorgens das Haus, weil sie unter der Knute der Polen Schutt schippen und andere niedere und körperlich schwere Arbeiten verrichten mussten. Nur sonntags waren sie von dieser Zwangsarbeit befreit. Abends kehrten sie völlig erschöpft zurück. Dann gab mir meine Mutter eine Blechmarke – das war ihr Tageslohn –, mit der ich zu einer weit außerhalb der Stadt gelegenen Bäckerei laufen musste, um dort diese Marke gegen eine einzige Scheibe Brot einzutauschen. Jeden Abend brauchte ich für diesen Weg fast zwei Stunden; denn vom Weinberg bis zum Stettiner Tor lief man schon eine Viertelstunde. Danach musste ich die Trümmerwüste der Innenstadt bis zum entgegengesetzten Bahner Tor durchqueren und dann noch ein ganzes Stück weiterlaufen, bis ich die Bäckerei erreichte, wobei mir der Weg durch die Ruinen, wo ich keiner Menschenseele begegnete, immer unheimlich war. Und jeden Abend, wenn ich dort gegen 18:30 Uhr eintraf – der Laden öffnete um neunzehn Uhr –, stand schon eine wartende Schlange davor. Und jeden Abend zitterte ich bei dem Gedanken, dass das Brot nicht reichen würde, denn die Blechmarke galt nur für diesen Tag.

Einmal während unseres Pyritz-Aufenthaltes bekamen wir

für uns alle, also fünf Personen, eine kleine Portion Pferdefleisch von einem notgeschlachteten, alten und abgemagerten Tier. Es war sehr zäh, aber das erste Stück Fleisch nach viereinhalb Monaten und deshalb etwas Besonderes. Normalerweise, wenn es sich um ein junges, gut gefüttertes Tier handelt, schmeckt das Fleisch ähnlich wie ein Rindersteak oder ein Straußenfilet.

Wie schon erwähnt, war ich in Pyritz sehr allein. Es gab keine Kinder in der näheren Umgebung, ich hatte kein Spielzeug, und meine Puppe vermisste ich sehr. Mit ihr hätte ich sprechen können. Zwar gab es noch meine Großeltern, aber deren Nähe mied ich, so gut ich konnte. Meine Großmutter war eine eigenartige, verschlossene, hartherzige und extrem geizige Frau. Hatte sie schon als Mutter nur ihren Jüngsten (meinen Onkel Heinz) verwöhnt und ihre beiden älteren Kinder (meinen Vater und meine Tante) weitgehend sich selbst überlassen, deren Arbeitskraft aber genutzt, wobei meine Tante Mieke die besseren Überlebensstrategien entwickelte. Selbst als Großmutter war sie nicht milde geworden. Ich kann mich nicht erinnern, von ihr jemals ein Geschenk erhalten zu haben. Dabei war ich, abgesehen von meinem kleinen Bruder, ihr einziges Enkelkind. Allerdings richtete sie diese Härte auch gegen sich selbst. Körperlich belastbar und zäh – sie trug auch im Winter unter ihren langen Röcken nie Strümpfe –, hatte sicherlich auch sie Schmerzen und gesundheitliche Probleme, aber ich habe sie nie klagen hören.

Eine Begebenheit jedoch, die ich erzählen muss, war kennzeichnend für ihren Charakter. Es war im November 1944, also fast ein Vierteljahr vor unserer Flucht, als ich zu ihr in die Wohnung hinaufging, um sie um einen Apfel für meinen kleinen Bruder zu bitten. Nachmittags bekam Diti immer einen rohen, geriebenen Apfel, mit dem ich ihn füttern durfte. Aber nun waren alle Obstvorräte aufgebraucht; schließlich herrschte Krieg, und Lebensmittel jedweder Art waren knapp geworden. Meine Großmutter jedoch, die einen großen Obst- und Gemüsegarten besaß, lagerte in einem kühlen Zimmer hinter ihrer Küche zentnerweise Äpfel, bis sie schließlich faulten und verdarben. Ich bat sie also um einen Apfel, nicht für mich, sondern für meinen kleinen Bruder, aber ihre Antwort war ein barsches, kurzes »Nein«. Ich empfand in diesem Moment eine solche Wut, dass ich alle Bravheit und Schüchternheit vergaß, in das »Obstzimmer« ging, einen Apfel nahm und aus der Wohnung lief, die Treppe hinunter auf den Hof. Fast hatte ich die Tür zu unserer Küche erreicht, als meine Großmutter über die Hintertreppe auf den Hof gelaufen kam und mir den Apfel wieder entriss.

Was nun meinen Großvater betraf, diesen einst so präsenten, gut aussehenden hochgewachsenen Mann mit dem dichten, dunklen, leicht ergrauten Haar, den einst in seiner Heimatstadt hoch geachteten Ratsherren, war dieser nur noch ein Schatten seiner selbst, körperlich, aber vor allem seelisch. Er war mürrisch und unleidlich geworden. Auch ich bekam täglich seinen Missmut und seine Ungerechtigkeiten zu spüren. Heute weiß ich, dass er ein gebrochener Mann war. Wie gut ich ihn jetzt verstehe, nun, da ich genauso alt bin wie er damals. Alles, wofür er sich jahrzehntelang gequält und gesorgt hatte, wofür er ein Leben lang gearbeitet hatte, war vernichtet. Und anstatt mit fast siebenundsechzig Jahren seinen Lebensabend in verdientem Wohlstand in Ruhe und Sicherheit verbringen zu können, hatte er alles verloren; war ärmer als ein Bettler, unverschuldet ins Elend gestoßen, krank, fast verhungert und ohne jeden Funken Hoffnung auf eine nur etwas gnädigere Zukunft; im Gegenteil: Es sollte uns alle noch viel schlimmer treffen.

Ich weiß jetzt, dass er damals keine Kraft mehr hatte, auf mich zuzugehen und mir ein bisschen Mut zu machen und Wärme zu schenken. Vielleicht wartete er auch darauf, dass ich mich ihm näherte, aber ich war verstummt und konnte den Verlust meines Bruders nur in einer Art Versteinerung überstehen. Heutzutage hätte man mich als schwer traumatisiertes Kind bezeichnet und mir die Hilfe eines Psychologen angeboten. Aber damals gab es nur zwei Möglichkeiten: Entweder ging man an solchen Erlebnissen zugrunde und starb, oder man überlebte mit schlecht verheilten Wunden, die in seelisch belastenden Situationen immer wieder aufbrechen.

So streunte ich an den Nachmittagen wie eine herrenlose Katze ziellos durch die Gegend auf der Suche nach etwas Vertrautem. Aber es gab nichts mehr. Sogar der schöne Garten von Onkel Karl und Tante Anna, wo ich mit Sigrun Haas und Jockel Woitkowiak gespielt hatte, war verwüstet. Und der Stadtwall mit den alten Kastanienbäumen und Ziersträuchern, auf dem ich mich noch am wohlsten fühlte, war durch Schützengräben und Panzersperren entstellt. Gefühlsmäßig befand ich mich in einer Art Niemandsland. Mir war zwar bewusst, dass ich wieder in meiner Heimat war; aber alles, woran ich einmal gehangen hatte und was mir einst vertraut gewesen war, gab es nicht mehr. Es war zerstört und lag in Schutt und Asche; und trotzdem war es meine Heimat. Auch heute, in der Rückschau nach über sechzig Jahren, gelingt es mir kaum, dieses zwiespältige Gefühl zu beschreiben.

III. Die Polen vertreiben uns wieder aus Pyritz

Und dann, nach drei Wochen in Pyritz, als ich mich gerade mit den Verhältnissen zu arrangieren begann – von Wohlfühlen konnte natürlich keine Rede sein –, wurden alle Deutschen abends um neunzehn Uhr zu einem Sammelplatz bestellt. Dort teilten uns die Polen mit, dass wir am darauffolgenden Morgen Pyritz wieder zu verlassen hätten. An das Datum kann ich mich nicht mehr genau erinnern, aber es muss um den 20. Juli 1945 gewesen sein. Ich wusste nicht, ob ich mich über diese Nachricht freuen oder traurig sein sollte.

Der neue Tag brach an, und wir wurden von den Polen mit Gummiknüppeln wie eine Herde Vieh aus der Stadt auf die Landstraße getrieben. Bald wurde es heiß und die Sonne brannte erbarmungslos vom Himmel. Es war ein typischer pommerscher Sommer mit brütender Hitze ohne Windhauch am Tage und nächtlichen Gewitterschauern. Stumpfsinnig vor Durst und Hunger taumelten wir über die schattenlose Landstraße, angstvoll bemüht, nicht an das Ende dieser »Menschenherde« zu geraten. Denn dort prügelten die polnischen »Viehtreiber« rücksichtslos auf die Menschen ein, die nicht schnell genug liefen oder gar nicht mehr gehen konnten. Es traf vor allem die Alten und Kranken. Sie wurden so lange geschlagen, bis sie sich weiterschleppten oder im Straßengraben elend krepierten. Ich benutze dieses Wort ganz bewusst, denn es war kein normales Sterben, und erst recht kein gnädiger Tod. Diese Polen, denen wir auf Gedeih und Verderb ausgeliefert waren, zeigten keinerlei menschliche Regung; es waren ausnahmslos Sadisten. Das einzig Positive war die Tatsache, dass sie keine Frauen vergewaltigten. Da sich aber unter unseren Peinigern auch polnische Frauen befanden, waren sie vielleicht nicht ganz so »ausgehungert« wie die russischen Soldaten.

Schließlich wurde es Abend, und man trieb uns rechts ab von der Straße auf eine große Wiese, und zwar in der Nähe von Rackitt. In einer winzigen Scheune fanden meine Mutter und ich, meine Großeltern und Tante Mieke, Tante Lene, eine Schwester meines Großvaters, und Onkel Otto, ihr zuckerkranker, beinamputierter Mann, Unterschlupf. Wir lagen dicht gedrängt auf dem Boden, und es war stickig und heiß.

Am nächsten Morgen wurden wir weitergetrieben. Die Hitze hatte noch zugenommen, schwülwarme Luft nahm uns den Atem und machte uns das Laufen schwer, zumal wir über zweimal Unterwäsche Kleid, lange Hose und Mantel trugen, weil das, was wir am Leibe hatten, nicht so leicht gestohlen werden konnte und andererseits unser Marschgepäck erleichterte. Hatten wir schon lernen müssen, mit sehr wenig Nahrung auszukommen und das ständige Hungergefühl zu unterdrücken, so quälte uns doch ein furchtbarer Durst bei dieser Hitze. Da wir weder eine Flasche noch ein verschließbares Behältnis besaßen, konnten wir auch kein Wasser mitnehmen. Die einzige Möglichkeit, unseren Durst zu stillen, boten uns die Wasserpumpen der Dorfbrunnen, wenn unser Weg an ihnen vorbeiführte. Aber nicht immer hatten wir dieses Glück.

Endlich wurde es Abend, und die Polen trieben uns weg von der Landstraße auf eine riesengroße Wiese am Eingang eines Dorfes. Kaum hatten wir uns auf der bloßen Erde niedergelassen – eine Decke besaßen wir nicht –, als das Kommando erging: »Alle Frauen, die melken können, sollen sich im Dorf einfinden!« Dort brüllten die Kühe vor Schmerzen, weil ihre Euter prall gefüllt waren. Wenigstens mit den Tieren hatten unsere Peiniger Mitleid, vielleicht aber brauchten sie auch nur die Milch. »Wenn ich doch nur melken könnte«, seufzte meine Mutter verzweifelt, »dann hätten wir jetzt ein bisschen Milch.« Sie, deren Lebens- und Bildungsweg durch die Tatsache, dass sie im Alter von zwei Jahren ihren Vater im Ersten Weltkrieg verloren hatte, ihre Mutter sich mit zwei kleinen Kindern und einer winzigen Lehrerpension mühsam durchschlagen musste, um dann durch einen tragischen Unglücksfall zu sterben, und ihre Tochter im Alter von vierzehn Jahren als Vollwaise zurücklassen musste, einen ganz anderen Verlauf nahm, als es ihren Begabungen und Fähigkeiten entsprochen hätte; sie, die sich, um von den Verwandten, die sie aufgenommen hatten, geduldet zu werden, so vieles aneignen und lernen musste, was sie dank ihrer Vielseitigkeit und praktischen Begabung auch schnell erfasste und perfekt ausführte, sie war nun schier verzweifelt, weil sie nicht melken konnte. Hungrig und durstig, wie wir waren, legten wir uns auf die bloße Erde. Bevor wir einschliefen, betete ich still für mich: »Lieber Gott, hilf uns, mach diesem Elend ein Ende. Wir haben doch schon genug gelitten.« Aber der »liebe« Gott erhörte meine Gebete nicht.

Bald, nachdem wir eingeschlafen waren, wurden wir durch einen heftigen Gewitterschauer geweckt, der uns völlig durchnässte, weil wir nirgendwo Schutz finden konnten – und selbst wenn, die Polen hätten es mit Sicherheit verhindert. Solche Nächte mussten wir noch oft ertragen, denn es war ein typischer pommerscher Sommer mit drückender Hitze am Tag und Gewittergüssen in den Nächten.

Am folgenden Morgen mussten wir am Ende der großen

Wiese vor einem schönen Gutshaus, in dem sich die Polen eingenistet hatten, mit unseren letzten Habseligkeiten der Reihe nach antreten. Ein bewaffneter Pole schaute in unseren Kinderwagen, in dem sich außer einem alten Kopfkissen ohne Bezug, einem Kochtopf und ein bisschen Leibwäsche und wenigen Kleidungsstücken nichts mehr befand, was ihn interessierte. Dann kam eine Polin, nahm meiner Mutter und mir die letzten Kleidungsstücke weg; sogar Ditis kleine Sachen entgingen ihrer Raffgier nicht. Danach machte sie bei uns Leibesvisitation. Hatte meine Mutter, bedingt durch ihr Alter (dreißig), ihre Größe und ihre Figur, schon das Pech gehabt, bei der ersten polnischen Klau-Aktion auf dem Heimweg nach Pyritz mehr Kleidung zu verlieren als beispielsweise meine Tante, so erging es ihr jetzt ebenso. Den weiten Umstandsmantel – bereits Kriegsware und daher von minderer Stoffqualität – ließ man ihr, aber die Kostümjacke darunter zog ihr die Polin aus; und damit nicht genug: sogar das letzte Paar Schuhe, das sie an den Füßen trug, nahm ihr dieses Polackenweib weg, sodass sie nun barfuß weiterlaufen musste. Wohl wütend darüber, dass sie bei der Leibesvisitation keinen Schmuck gefunden hatte – sie konnte ja nicht wissen, dass meine Mutter zwanzigkarätige Zahngoldplatten in die Schulterpolster der Kostümjacke eingenäht hatte –, gab sie ihrem Landsmann ein Zeichen. Dieser richtete daraufhin seine Pistole auf meine Mutter; die schrie: »Schieß doch! Schieß doch!«, sie zog mich dicht an sich und fuhr fort, »aber denn schieß das Kind auch tot!« Das hatte er nicht erwartet. Er verharrte noch einen Moment reglos, dann riss er den Arm in die Höhe und schoss in die Luft, wohl um uns zu zeigen, dass die Waffe geladen war. So seltsam es klingen mag, aber ich verspürte während dieser Szene so gut wie keine Angst, auch im Nachhinein nicht. Die Situation war wohl zu absurd. Stattdessen beobachtete ich, wie eine andere Polin, nur wenige Meter von uns entfernt, vor aller Augen einer Flüchtlingsfrau in den Schlüpfer griff, um dort verborgenen Schmuck zu finden. Aber statt der erhofften Beute zog sie nur eine blutige Binde hervor. Es war demütigend und entwürdigend, wie wir alle behandelt wurden. Nicht einmal der schlimmste Russe konnte so gemein und niederträchtig sein wie diese Polacken.

Wir durften dann zu unserem Platz auf der Wiese zurückgehen, wo wir uns auf der blanken Erde niederließen. Und wieder ein Tag, an dem wir nichts zu essen bekamen. »Es ist gut, dass Diti tot ist. Er wäre uns hier auf der Landstraße verhungert«, sagte meine Mutter zu mir. Ich schwieg, aber bei diesen Worten packte mich ein ungeheurer Zorn, nicht gegen meine Mutter, aber gegen den »lieben« Gott, der uns von Tag zu Tag mehr Not und Elend aufbürdete, anstatt uns zu erlösen. Bislang hatte ich geglaubt, der »liebe Gott« wollte mich durch Ditis Tod dafür bestrafen, dass ich Ida, unser litauisches Hausmädchen, ausgelacht hatte, weil sie sich fürchtete, im Dunkeln nach Hause zu gehen.

Ich muss in diesem Zusammenhang erwähnen, dass ich seit meinem vierten Lebensjahr nichts schöner fand, als wenn meine Mutter und ich bei Regen und Dunkelheit Großmama, die Großmutter meiner Mutter, in der Bahnhofstraße oder Onkel Karl und Tante Anna auf dem Weinberg besuchten. Als ich schon größer war, durfte ich auch allein die Stettiner Straße bis zum Milchkeller, der sich an der Ecke der ersten Querstraße befand, entlanglaufen, natürlich bei Dunkelheit und Regen. Ich kam mir zu dieser Zeit mit meinen sieben Jahren sehr mutig vor, im Gegensatz zu unserer damals fünfzehnjährigen Ida. Sie war mit ihrer Familie aus Litauen vor den Russen geflohen und im August 1945 in ein Barackenlager vor den Toren der Stadt Pyritz einquartiert worden. Einmal hatte ich sie dort auch besucht. Ihre Eltern, sie und ihr kleiner fünfjähriger Bruder, der seit der Flucht nicht mehr ganz gesund geworden war, bewohnten zwei kleine Zimmer in einer Baracke. Diese ärmliche Wohnstatt wäre uns in unserer jetzigen Lage, wo wir unter freiem Himmel campieren mussten, geradezu luxuriös erschienen. Seit der Herbst gekommen war und die Tage kürzer geworden waren, bekam Ida große Angst vor dem Heimweg im Dunkeln, der mindestens eine halbe Stunde dauerte. Meine Mutter stellte deshalb den Kontakt zu Loni her, einem anderen litauischen Mädchen, das bei Dr. Meyen, der ebenfalls in der Stettiner Straße seine Praxis hatte, im Haushalt arbeitete. So kam Loni abends nach verrichteter Arbeit zu uns, holte Ida ab, und beide gingen zusammen nach Hause.

Nun, da wir seit unserer Flucht am 02. Februar 1945 ständig in Angst vor den Russen und jetzt vor den Polen gelebt hatten und unser Elend immer schlimmer wurde, begriff ich, warum Ida so ängstlich geworden war. Ich hätte sie gerne um Verzeihung gebeten, aber so konnte ich nur in Gedanken Abbitte tun.

Fortan betete ich nicht mehr zum »lieben Gott«, sondern ich haderte mit ihm. Warum hatte er Diti so leiden und so einsam sterben lassen? Was hatte dieses unschuldige und liebe Kind, das selbst, als es so krank war, nicht schrie und brüllte, verbrochen? Eine ungeheure Wut staute sich in mir auf, und mein Glaube begann zu bröckeln.

Nicht weit von uns entfernt, hatte sich eine Frau mit ihrem Handwagen niedergelassen. Wir beobachteten sie schon eine ganze Weile, denn im Gegensatz zu uns besaß sie noch etwas zu essen. Sie schnitt sich mit einem Messer mundgerechte Stücke von einem schinkenähnlichen großen Stück Fleisch ab. Meine Mutter nahm unser einziges Kopfkissen, ging zu ihr hinüber und tauschte es gegen einen Brocken Fleisch ein. Obwohl wir sehr hungrig waren, schmeckte es weich und wabbelig. Es war sicherlich viel zu früh aus dem Rauch genommen worden und durch die Hitze der letzten Tage so gut wie verdorben. Wir aßen drei Tage widerwillig von diesem Fleisch, weil wir nichts anderes bekamen; und noch heute wundere ich mich, dass wir danach nicht krank geworden sind.

Abends legten wir uns auf die bloße Erde und nun auch ohne Kopfkissen. Ich schlief bald ein, denn ich bemerkte nicht, dass meine Mutter im Schutze der Dunkelheit – immer auf der Hut vor den bewaffneten Posten, die uns umgaben – heimlich davongekrochen war, um für uns eine Wolldecke zu besorgen. Ich muss dazu erklären, dass den Polen, die jeden von uns Vertriebenen bestohlen hatten und uns nicht einmal das, was wir auf dem Leibe trugen, ließen, das Gutshaus für all ihre Beute zu klein geworden war. Deshalb hatten sie draußen um das Gebäude herum einen großen Wall errichtet, der aus Kleidung, Decken und anderen entwendeten Sachen bestand. Es dauerte zwei volle Tage, bis sie ihre Beute sortiert hatten. Das, was sie nicht gebrauchen konnten, blieb auf der Wiese zurück und verschimmelte im später einsetzenden Regen. Natürlich war es uns unter Lebensgefahr verboten, etwas von den aussortierten Sachen zu nehmen. Ich kann nur wiederholen, dass diese Polen von Grund auf sadistisch und gemein waren und nicht den geringsten Anflug von Menschlichkeit oder gar Mitleid zeigten.

Nun mag mancher einwenden, die Deutschen seien auch

nicht zimperlich mit den Polen umgegangen. Darüber steht mir kein Urteil zu, weil ich nichts von den davon Betroffenen weiß. Ich kann dazu nur sagen, dass die sogenannten polnischen Zwangsarbeiter in Pyritz gut behandelt wurden. Auch mein Großvater, der während des Krieges immer zwei Polen gleichzeitig in seiner Werkstatt beschäftigte, ließ keinen hungern und darben. Sie bekamen das gleiche Essen wie die anderen Gesellen auch, die in seinem Betrieb arbeiteten. Da der Pole Edmund Auto fahren konnte, genoss er sogar eine Sonderstellung; denn mein Großvater besaß zwar damals schon ein Auto, einen sogenannten P4, aber keinen Führerschein, den er wohl wegen seines fortgeschrittenen Alters nicht mehr hatte machen wollen. So chauffierte ihn Edmund zu den diversen Gutsbesitzern, welche die Anlage und Wartung ihrer Brennereien bei ihm in Auftrag gegeben hatten.

Selbst die Polen, die in Fernsehdokumentationen auftraten und eine höhere Entschädigung für die Zwangsarbeit in Deutschland forderten, beklagten sich nie darüber, dass sie nicht genug zu essen bekommen oder hätten frieren müssen; lediglich darüber, dass sie für ihre Arbeit nicht angemessen bezahlt worden wären. Aber wer hat zum Beispiel meine Mutter entschädigt, die von morgens bis abends ohne Verpflegung bis zur Erschöpfung in den Ruinen von Pyritz Schutt schippen musste und deren polnischer Tageslohn in einer einzigen Blechmarke bestand, für die es eine Scheibe trockenes Brot gab?

Nachdem wir drei Nächte auf dieser Wiese verbracht hatten, wurden wir morgens wieder auf die Landstraße getrieben. Ein feiner Landregen, der nach und nach stärker wurde, hatte inzwischen eingesetzt. Bald waren wir völlig durchnässt. Das Wasser lief uns über das Gesicht, die Kleidung wurde immer schwerer. Meine langen Hosen, die ich unter dem Wintermantel trug, hatten sich vollgesogen und klatschten um meine Beine. In meinen Schuhen quietschte das Wasser. Trotzdem mussten wir weiterlaufen. Stumpfsinnig vor Erschöpfung taumelten wir über die Landstraße, bis wir am Abend gegen achtzehn Uhr die Kleinstadt Bahn erreichten. Als wir durch die Häuserreihen liefen, strebten plötzlich die Leute vor uns rechts und links in die verlassenen Gebäude. Wir taten es ihnen nach und gelangten mit etwa fünfzehn anderen Personen in ein großes Haus. Hier endlich konnten wir unsere triefnassen Sachen ausziehen und notdürftig trocknen. Draußen regnete es immer noch. Deshalb waren wir froh über diese Ruhepause, die wir im Trockenen unter einem Dach verbringen durften. Nur der Hunger quälte uns nun wieder. Der Regen hatte auch am darauffolgenden Tag nicht aufgehört.

Wir befanden uns alle in einem großen Raum, an dessen Wänden Stühle aufgereiht waren. Dort saß auch ein junges dunkelhaariges Mädchen mit langen Zöpfen, neben ihr ihre fünf jüngeren Brüder, der kleinste war noch keine fünf Jahre alt. Ihre Mutter war von den Russen verschleppt worden, und ihr Vater, wenn er den Krieg denn überlebt hatte, war irgendwo in Gefangenschaft geraten. Dieses Schicksal teilte sie mit fast allen Frauen und Familien, deren Männer oder Söhne zur Wehrmacht eingezogen worden waren. Sie selbst sagte von sich, sie sei achtzehn Jahre alt, aber sie wirkte eher wie fünfzehn oder sechzehn. Sie formte aus Weizenschrot und Hackfleisch eine Art Buletten, die sie für sich und ihre Geschwister zubereitete. Erstaunt darüber, dass sie solch kostbare Nahrungsmittel besaß, fragten wir, woher sie diese habe. Ihre kurze Antwort darauf lautete: »Ich gehe nachts zum Russen.« Jeder wusste, was damit gemeint war. Natürlich war ich mit meinen acht Jahren noch nicht aufgeklärt, aber so viel hatte ich schon begriffen, dass die Frauen, die von den Russen vergewaltigt worden waren, manchmal Kinder austragen mussten, die sie nicht gewollt hatten. Ich dachte nur, hoffentlich wird sie nicht schwanger und muss nicht auf der Landstraße ohne ein Dach über dem Kopf und ohne ärztlichen Beistand ein Kind gebären. Und was würde dann aus ihren Geschwistern werden?

Das Gesicht des jüngsten Bruders sehe ich noch genau vor mir, als hielte ich eine Fotografie in den Händen. Er saß dort in seinen dunkelblauen kurzen Hosen, dicht an seine große Schwester geschmiegt. Ich erinnere mich an sein glattes, aschblondes Haar mit dem Seitenscheitel, an die feine, schmale, an der Spitze leicht nach unten gebogene Nase und an die graublauen Augen, die angstvoll seiner Schwester folgten, wenn sie für kurze Zeit in der Küche verschwand. Seine Angst war nur allzu verständlich. Er durfte sie nicht auch noch verlieren. Wer außer ihr konnte ihn jetzt noch beschützen?

Am nächsten Morgen hatte es aufgehört zu regnen, und wir mussten wieder hinaus auf die Landstraße. Es war kühl geworden, ein kräftiger Wind blies, aber die Sonne schien. Meine Mutter hatte unterwegs ein paar Männerstiefel, sogenannte Knobelbecher, in einem Straßengraben gefunden, die ihr mindestens drei Nummern zu groß waren – sie besaß damals Schuhgröße 37. Aber sie musste wenigstens nicht mehr barfuß laufen. Wir kamen recht gut voran – die zweitägige Ruhepause in Bahn hatte uns wieder etwas zu Kräften kommen lassen. Doch plötzlich, mittags gegen halb eins, nachdem wir schon mehr als zwanzig Kilometer, ohne Unterbrechung und ohne etwas zu essen, gelaufen waren, gerieten die vor uns gehenden Menschen ins Stocken, sodass wir nachfolgenden fast gegen sie fielen. Wir schauten uns fragend an, bis wir nach ein paar Schritten bemerkten, dass wir nun ins Oderbruch geraten waren. Da die Oder viele Kilometer vor ihrer Mündung eine Art Delta mit mehreren Nebenarmen bildet, war hier ein riesiges Sumpfgebiet entstanden, durch das wir nun hindurchgetrieben wurden. Man hatte einen provisorischen, keine zwei Meter breiten Damm gebaut, und zwar aus nebeneinandergelegten Baumstämmen.

War es ohnehin schon schwer, auf diesen runden Bohlen zu laufen, so war es fast unmöglich, sich mit einem Hand- oder Kinderwagen fortzubewegen, weil die Räder immer wieder zwischen die Stämme gerieten und sich festfuhren. Dabei hatte ich noch Glück mit meiner Sportkarre; denn erstens lagen die uns verbliebenen Habseligkeiten nur noch in dem Kinderwagen, und zweitens hatten die Räder eine relativ breite Gummibereifung. Aber meine arme Mutter fuhr sich mit den schmalen Rädern des Kinderwagens nach zwei bis drei Metern fest. Dann musste sie den Wagen nach rückwärts herausziehen, um danach wieder ein Stück voranzukommen. Es war für sie eine elende Qual, dazu das Laufen in den viel zu großen Männerstiefeln. Sie sagte nichts, aber ich sah die Erschöpfung und die Verzweiflung in ihrem Gesicht. Dazu hatte es am frühen Nachmittag wieder zu regnen begonnen. Kurz bevor der Regen einsetzte und die Holzbohlen noch rutschiger machte, lief dicht vor uns eine Frau mit erhobenen Armen schreiend auf die Oder zu, um sich zu ertränken. Ein Verwandter holte sie wieder aus dem Wasser. Dann, später am Nachmittag, überholten wir eine alte, weißhaarige, schwarz gekleidete Frau. Sie war mit ihrem Handwagen bis zu den Knöcheln im Morast stecken geblieben. Wahrscheinlich hatte sie geglaubt, auf dem Boden neben dem Bohlendamm besser voranzukommen. Sie rief immer wieder: »So helft mir doch!« Aber alle zogen stumm an ihr vorbei, denn jeder von uns war selbst zu Tode erschöpft und hatte keine Kraft mehr. Dennoch war es eine furchtbare Erfahrung, und ich sehe die Gestalt dieser Frau immer noch von mir.

von Pyritz → Bahn = 16 km
von Bahn → Beginn des Oderbruchs = 23 km
vom Oderbruch → zur Brücke über die Oder in Richtung Schwedt = 7 km
von Bahn → Kreuz im Oderbruch = 28 km
von Kreuz im Oderbruch → Dobberzin (3 km vor Angermünde) = 25 km

Wir quälten uns langsam weiter vorwärts, bis wir abends zwischen sechs und halb sieben vom Bohlendamm zur linken Seite hinuntergetrieben wurden, wo die Fläche zwischen den Flussarmen größer und der Boden fester war. Völlig durchnässt – der Regen war noch stärker geworden – hielten wir vor einem kleinen Erdwall inne. Obwohl wir den ganzen Tag über nichts zu essen gefunden hatten, spürte ich nur eine grenzenlose Müdigkeit. Meine sonst so tapfere Mutter war jetzt nicht nur körperlich restlos erschöpft, sondern auch seelisch völlig am Ende. An diesem Abend hatte sie wohl die letzte Hoffnung verlassen, jemals wieder aus dieser Not und diesem Elend herauszufinden, denn sie fasste mich plötzlich bei der Hand und sagte: »Komm, Annmareichen, wir gehen«, und machte ein paar Schritte auf die Oder zu. Aber ich schrie: »Nein, ich will nicht! Ich will nicht!« Resigniert ging sie mit mir zu dem Erdwall zurück und breitete die Decke auf dem nassen, aufgeweichten Boden aus. Trotz des heftigen Regens schlief ich sofort ein. Dies war einer der fruchtbarsten Tage, seit wir aus Pyritz vertrieben worden waren. Allein für den Marsch auf dem Bohlendamm hatten wir sieben Stunden gebraucht, obwohl die Entfernung nur sieben Kilometer betrug, was ich erst kürzlich beim Nachmessen auf einer speziellen Pommernkarte feststellen konnte. Wir hatten an diesem Tag eine Strecke von insgesamt achtundzwanzig Kilometern laufen müssen.

Am darauffolgenden Morgen hatte es aufgehört zu regnen, aber uns graute vor dem Weitermarsch auf dem Bohlendamm. Zu unserer großen Erleichterung hörte er vielleicht schon nach einem Kilometer auf, und wir spürten wieder festen, glatten Boden unter den Füßen. Noch vor zehn Uhr erreichten wir rechts von uns eine große, stabile Brücke, die nicht zerstört war und über die auch Autos hätten fahren können. Als wir sie überquert hatten, glaubten wir unseren Augen nicht zu trauen. Wir sahen die Polen mit ihren Gummiknüppeln zurückweichen; sie drehten sich um und überquerten die Brücke in entgegengesetzter Richtung. Plötzlich waren wir wieder frei – vogelfrei, unsere Peiniger hatten uns verlassen. Zunächst waren wir wie betäubt und konnten uns über die neu gewonnene Freiheit gar nicht freuen. Es war ja auch keine echte Freiheit, sondern nur ein kurzes Innehalten, bevor wir unter die nächste Zwangsherrschaft gerieten. Wir befanden uns nun am Stadtrand von Schwedt an der Oder.

Noch in der Nähe der Brücke setzten wir uns auf einen kleinen grasbewachsenen Hügel, um auszuruhen. Meine Mutter musste wohl auch erst unsere Lage überdenken und überlegen, wie es weitergehen sollte. Wohin sollten wir jetzt gehen oder an wen konnten wir uns wenden? Alle Verwandten oder gute Bekannte stammten aus Hinterpommern. Und diese – wenn sie noch lebten – waren ebenso wie wir geflüchtet oder wieder vertrieben worden. Nur Offenmüllers, Tante Grete und Onkel Karl, wohnten vielleicht noch in Berlin, wenn sie die Bombennächte überlebt hatten. Während wir so dasaßen und unseren Gedanken nachhingen, war plötzlich ein Pole, der akzentfrei Deutsch sprach, neben uns aufgetaucht. Es war aber keiner von denen, die uns über die Oder getrieben hatten. Das Gespräch drehte sich um Nazis, auf die meine Mutter heftig schimpfte, wozu sie auch allen Grund hatte. Meine Eltern, die nie der NSDAP beigetreten waren, hatten deswegen nicht nur erhebliche Nachteile in Kauf nehmen müssen – mein Vater bekam zum Beispiel als junger niedergelassener Zahnarzt keine Kassenzulassung, wurde zu Kriegsbeginn als einer der ersten zur Wehrmacht eingezogen –, sondern die Nazibonzen hatten auch Frauen und Kindern eine rechtzeitige Flucht vor den Russen bei harten Strafen untersagt, während sie sich selbst mit Sack und Pack rechtzeitig abgesetzt und in Sicherheit gebracht hatten.

Natürlich erzählte meine Mutter ihm auch, dass wir seit zwei Tagen nichts mehr gegessen hatten. Er sagte darauf, dass er mir Brot geben könne, wenn ich mit ihm käme. Meine Mutter ließ mich mit ihm gehen. Zusammen mit dem Polen betrat ich ein in der Nähe gelegenes Haus. Vor der Wohnungstür im ersten Stock ließ er mich warten, kam aber nicht wieder. Inzwischen verließen mindestens fünf Frauen die Wohnung, andere wiederum wurden auf ein bestimmtes Klingelzeichen hineingelassen. Es ging zu wie in einem Taubenschlag. Jedes Mal, wenn sich die Tür öffnete, hoffte ich, der Pole würde sich zeigen und mir das versprochene Brot geben. Aber nichts dergleichen geschah. Als ich mindestens zehn Minuten oder gar eine Viertelstunde gewartet hatte, fasste ich mir ein Herz und überwand meine Schüchternheit.

Mein Hunger war so groß, dass ich an der Tür klingelte. Es öffnete eine Polin, und ich bat sie um das mir versprochene Brot. Sie sagte wiederum: »Warte draußen!« Und verschloss die Tür. Mir kam es vor wie eine Ewigkeit, und als ich mich, völlig entmutigt, anschickte zu gehen, erschien dieselbe Polin in der Tür und gab mir ein kleines Stück harten Brotkanten, mit etwas Schmalz bestrichen. Später hätte ich gerne gewusst, was sich in der Wohnung abgespielt hatte und warum der Pole sich nicht mehr hatte blicken lassen.

Ich war so hungrig, dass ich das bisschen Brot sofort aufaß und für meine Mutter nichts mehr übrig ließ, was mir nachher sehr leidtat. Als ich wieder zu dem Erdhügel zurückgekehrt war, wo meine Mutter auf mich wartete, machten wir beide uns auf den Weg. Die Sonne schien warm und tat unseren ausgezehrten Körpern gut. Irgendwo in einer Ortschaft zwischen Schwedt und Angermünde ging meine Mutter in ein verlassenes Haus. Ich musste draußen warten, bis sie nach langer Zeit wieder erschien. Sie hatte uns aus überjährigen Kartoffeln, die sie im Keller gefunden hatte, Wasser und frischem Dill eine Art Béchamelkartoffeln gekocht. Sie schmeckten uns köstlich, war es doch die erste warme Mahlzeit, die wir nach sieben Tagen zu uns nehmen konnten.

Dann liefen wir weiter. Nach kurzer Wegstrecke kamen wir an einem Haus vorbei, vor dem in einem hölzernen Lehnstuhl ein alter Mann saß. Er war gut gekleidet, trug einen grauen Anzug mit Weste und gute Lederschuhe. Nur die lange Urinpfütze am Boden ließ darauf schließen, dass er wohl nicht mehr laufen konnte und schon länger dort ausgeharrt hatte. Vielleicht hatten seine Angehörigen ihn dort allein zurückgelassen. Er rief uns zu: »So helft mir doch!« Wir fühlten uns schlecht, aber wir gingen stumm an ihm vorüber. Wie hätten wir ihn mitnehmen sollen, entkräftet, wie wir waren? Wir wären alle drei zugrunde gegangen; denn es lagen noch keine vierundzwanzig Stunden zwischen dieser Begegnung und dem Ende des mörderischen Marsches über den Bohlendamm, wo meine Mutter, zu Tode erschöpft und hoffnungslos verzweifelt, sich mit mir zusammen in der Oder ertränken wollte. Vielleicht ist es so, dass man abstumpft gegenüber dem Leid anderer, wenn das eigene Leben nur noch am seidenen Faden hängt. Vielleicht erwacht dieser

Egoismus automatisch in einem, wenn der Überlebenswille und die allerletzten Reserven des Körpers nur noch reichen, um die eigene Haut zu retten. Ich glaube, erst wenn es einem wieder besser geht und man selbst nicht mehr am Abgrund steht, kehrt das Mitleidsempfinden zurück, weil man dann auch helfen kann. Doch immer, wenn mich die schrecklichen Bilder unserer Flucht und Vertreibung heimsuchen, sehe ich auch diesen alten, hilflosen Mann vor mir und höre sein »So helft mir doch!«.

Wir liefen also weiter und erreichten kurz vor halb drei auf der rechten Straßenseite ein gelbes Schild mit der Aufschrift »Angermünde« und einer Kilometerangabe. Gegenüber am Straßenrand vor einer großen Scheune stand meine Tante. Sie war schon einen Tag zuvor hier eingetroffen, aber ohne meine Großeltern. Den Grund dafür erfuhr ich nicht. Es war eine eigenartige Gesetzmäßigkeit, dass, obwohl schon oft getrennt, man sich immer wiederfand. Vielleicht lag es daran, dass bislang alle in dieselbe Richtung geströmt waren. Jedoch geschah es auch, dass man sich für immer aus den Augen verlor und sich im Leben nie wiedersah. Aber davon später.

Heute waren wir vom Oderbruch bis Dobberzin (drei Kilometer vor Angermünde) eine Strecke von fünfundzwanzig Kilometern gelaufen. Wir waren jedenfalls froh, dass wir in der großen dreigeteilten Scheune auf einer Lage Stroh übernachten konnten. Meine Tante führte uns hinaus in den dahinterliegenden Gemüsegarten, der aber leider schon völlig abgeerntet war. In der Mitte befand sich ein frisch geschaufelter Grabhügel. Onkel Otto Haack, der zuckerkranke, beinamputierte Schwager meines Großvaters, hatte sich in der Nacht zuvor erhängt, weil er nicht mehr weiterkonnte; vielleicht auch, um seine Frau, Tante Lene, die ihn abwechselnd mit ihrer Schwester im Handwagen gezogen hatte, zu entlasten und zu erlösen. Wie mussten die beiden Frauen gelitten haben, als sie den sieben Kilometer langen Weg über den Bohlendamm zurücklegen mussten! Und welche Qualen und Schmerzen hatte Onkel Otto ertragen müssen, dessen Beinstumpf wieder aufgebrochen war, der kein Insulin oder sonstige Medikamente bekam, sich nur, wie wir alle, von stärkehaltigen alten Kartoffeln ernähren konnte, die bekanntlich Gift für einen Diabetiker sind! Tante Lene war sofort, nachdem sie ihren Mann in die Erde gelegt hatte, weitergezogen. Wie ich 1996 per Zufall von ihrer Tochter, die kurzfristig in einem Seniorenheim in Laboe gelebt hatte, erfuhr, hatte sich Tante Lene noch von Angermünde aus nach Berlin durchschlagen können, wo sie auch ihre Tochter, besagte Käthe Haack, wiederfand. Deren Wohnung war unzerstört geblieben, und sie war nicht, wie viele Berliner oder Großstädter, die keine Nahrungsquellen auf dem Lande besaßen oder nicht auf dem schwarzen Markt geschickt zu tauschen und zu schachern verstanden, dem Hungertode nahe. Dank einer Internatsfreundin, die von einem mecklenburgischen Bauernhof stammte, war sie bestens – wie in Friedenszeiten – mit Nahrungsmitteln versorgt. Doch für ihre Mutter war es bereits zu spät. Auf dem Wege nach Berlin hatte sie sich in einem der Güterzüge mit Typhus infiziert, erkrankte kurz nach ihrer Ankunft und starb wenig später in einem Berliner Krankenhaus. Ihre Tochter, die sie auch angesteckt hatte, überlebte dank ihres jungen Alters und ihrer guten Konstitution die Typhusattacke.

Aber nun zurück zu unserer Ankunft in Angermünde. Wir ließen uns also in dem geräumigen Mittelteil der Scheune nieder. Auf der Tenne stand ein großer Erntewagen, und rechts und links von ihm waren frische Strohballen aufgetürmt. Wir freuten uns darauf, diese Nacht nicht auf schmutziger, nasser Erde zu schlafen, sondern auf sauberem Stroh. Unsere Freude währte jedoch höchstens zwei Stunden; denn gegen fünf Uhr nachmittags tauchten zwei junge Russen, kaum zwanzigjährig, in der Scheune auf. Sie sahen meine Mutter und meine Tante an, beäugten prüfend das Innere der Scheune. Dann verschwanden sie wieder, wortlos, wie sie aufgetaucht waren. Uns war sofort klar, dass sie wiederkommen würden, und zwar nachts im Schutze der Dunkelheit. Wir sammelten unsere Sachen zusammen und gingen damit zu den anderen Flüchtlingen, die sich im Seitenteil der Scheune, wo ursprünglich das Vieh untergebracht war, niedergelassen hatten, und baten sie, uns für diese Nacht Asyl zu gewähren. Aber sie lehnten ab mit der fadenscheinigen Begründung, es sei für uns drei kein Platz mehr vorhanden, was natürlich nicht stimmte. Immerhin erklärten sich zwei Männer von ihnen bereit, das Scheunentor zu sichern. Zu unserer Verwunderung waren sie nicht alt genug, um auf anständige Weise vom Wehrdienst befreit worden zu sein. Jedenfalls verbanden sie die Eisenkette, die sich an der Deichsel des Erntewagens befand, mit dem Innenriegel des Scheunentors und zerrten sie so fest, dass normalerweise niemand die Tür von außen hätte öffnen können.

Wir legten uns mit etwas bangem Gefühl schlafen. Mitten in der Nacht gegen halb eins erwachte ich durch ein scharrendes, zerrendes Geräusch, und plötzlich waren wir drei hellwach. Es waren die Russen. Immer noch hofften wir, dass sie von ihrem Vorhaben abließen. Aber nach einer halben Stunde war es ihnen tatsächlich gelungen, den schweren Erntewagen mit ihren Bärenkräften ein Stück nach vorn zu ziehen und damit das Scheunentor so weit zu öffnen, dass sie sich hindurchzwängen konnten. Einer der beiden Russen bedrängte meine Mutter, die mich wie einen Schutzschild an sich presste. Sie rief ihm zu: »Geh weg! Hier kleines Kind!« Er griff daraufhin nach meinen Waden und sagte: »Du Quatsch! Nix kleine Kind!« Da ich damals mit meinen acht Jahren schon recht groß war, glaubte er wohl, die Beine meiner Mutter angefasst zu haben. Zu unserem Glück besaßen die beiden keine Taschenlampen. Schon völlig in die Enge getrieben, gelang es meiner Mutter noch, mich auf das Tass der Scheune zu heben und sich selbst dort hochzuziehen. Beim Sprung auf den Boden landete ich mit dem linken Fuß mit meinen einzigen Söckchen in Exkrementen. Nun waren wir bei den anderen Flüchtlingen, die uns nicht haben wollten, gelandet.

Zitternd vor Angst, aber mucksmäuschenstill verharrten wir dort regungslos bis zum dämmernden Morgen. Doch auch die anderen waren nun in Gefahr und fürchteten, dass die Russen wie wir über das Tass klettern und die Frauen vergewaltigen würden. Zum Glück geschah nichts dergleichen. Als es richtig hell geworden war, gingen meine Mutter und ich hinüber in die Mittelscheune. Meine Tante jedoch war wie vom Erdboden verschluckt. Erst am späten Vormittag, als die Sonne schon gleißend am Himmel stand, hatte sie sich zur Scheune zurückgetraut. Sie war, als die Russen meine Mutter bedrängten, durch das kleinere hintere Scheunentor ins Freie gelangt und hatte dort irgendwo draußen die Nacht verbracht.

Uns war klar, dass wir hier nicht länger bleiben konnten.

Also packten wir unsere wenigen Habseligkeiten zusammen und zogen weiter, bis wir Angermünde erreichten. Im Innenstadtbereich von Angermünde baten wir eine Frau, die mit ihren drei Kindern in einem Haus mit Garten wohnte, uns aufzunehmen. Sie lehnte ab, verwies uns aber auf ein leer stehendes Haus auf der anderen Straßenseite. Wir richteten uns dort, so gut es ging, ein. Es gab drinnen sogar Bettgestelle mit Strohsäcken als Matratze. Wir hatten wieder ein Dach über dem Kopf, und sogar die Fensterscheiben waren heil geblieben. Aber nun, da wir uns in dem Haus sicherer fühlten als in der Scheune, quälte uns der Hunger umso mehr.

Zwei Tage später, ich war allein, weil meine Tante und meine Mutter versuchten, irgendwo ein paar Kartoffeln aufzutreiben, trat ich auf die Straße. Es war kühl geworden, und ein feiner Nieselregen ließ die mit Blaubasalt gepflasterte Straße glänzen, als ich plötzlich meine Großmutter daherkommen sah, einen Riemen quer über den Körper gespannt, mit dem sie eine Art Handwagen hinter sich herzog. Aber mein Großvater war nicht bei ihr. Sie hatte ihn ins Krankenhaus bringen müssen. Nun waren wir also zu viert in diesem Haus.

Am nächsten oder übernächsten Morgen versuchte meine Mutter, mit dem Zug nach Berlin zu fahren, um vielleicht ihren Onkel und ihre Tante, Karl und Grete Offenmüller, in Berlin-Mariendorf wiederzufinden. Vom Bahnhof Zoo musste sie viele Kilometer zu Fuß zurücklegen, denn Straßenbahnen oder andere Verkehrsmittel fuhren wegen der Bombenschäden oder aus Strom- oder Energiemangel noch nicht wieder. Ich blieb also allein mit Tante und Großmutter in Angermünde zurück. An einem dieser Tage – es war bereits früher Nachmittag – ich hatte noch immer nichts zu essen bekommen – durchsuchte ich die Küche nach einem Stück Brot oder irgendetwas Essbarem. Schließlich fand ich einen rohen Kohlrabi. Gerade, als ich hineinbeißen wollte, war meine Großmutter wie aus dem Nichts aufgetaucht und entriss ihn mir nach kurzem Kampf. Sie musste mich schon die ganze Zeit belauert haben. Es war keine Enttäuschung, die ich empfand, denn nach der Geschichte mit dem Apfel in Pyritz wusste ich, dass ich von ihr nichts, aber auch gar nichts zu erwarten hatte. Ich fühlte nur Hunger und Wut darüber, dass sie mit ihren damals sechsundsechzig Jahren noch so viel Kraft besaß, um mir den Kohlrabi zu entreißen. Entmutigt und traurig verließ ich das Haus und lief hinüber zu Jürgen, mit dem ich mich angefreundet hatte. Er war neun Jahre alt und der Älteste von drei Kindern, die zu der Frau gehörten, bei der wir um Aufnahme gebeten hatten. Zum Glück fand ich Jürgen im Garten. Da er nie mit mir ins Haus ging, vermutete ich, dass ihm seine Mutter untersagt hatte, mich mit in die Wohnung zu nehmen; denn ich erinnere mich noch sehr genau an den prüfenden Blick ihrer dunklen Augen, den sie mir vom Fenster aus zuwarf. Aus heutiger Sicht kann ich sie sehr gut verstehen; denn seit der Vertreibung aus Pyritz hatten wir uns zehn Tage lang nicht waschen können. Außerdem war unsere Kleidung vom Nächtigen unter freiem Himmel teilweise schmutzig. Und da wir kein Stück Seife oder Waschpulver besaßen, es kein warmes Wasser gab, weil kein Brennmaterial vorhanden war, konnten wir uns nur mit kaltem Wasser waschen, von Duschen oder gar Baden ganz zu schweigen.

Von dem Kampf um den Kohlrabi erzählte ich Jürgen nichts. Doch er musste wohl gesehen und gespürt haben, dass ich traurig und hungrig war, denn ganz unvermittelt sagte er zu mir: »Komm, wir gehen betteln.« Ich selbst wäre nie auf diese Idee gekommen. Fällt es mir heute noch schwer, jemanden um etwas zu bitten, worauf ich keinen Anspruch habe, so war es mir als Kind völlig unmöglich. Jürgen war ein höflicher, wohlerzogener Junge, aber zum Betteln war auch er nicht geboren. In der ersten Bäckerei, die wir aufsuchten, sagte er, während ich nur stumm danebenstand: »Können Sie uns bitte ein Stück Brot geben?« Aber die Bäckersfrau oder Verkäuferin schüttelte sehr energisch den Kopf. Wir verließen darauf den Laden und versuchten es woanders. Doch auch hier gab man uns nichts. Als wir in der dritten Bäckerei um ein Stück Brot baten, griff die Frau hinter dem Ladentisch nach einem Laib und schnitt ihn in der Mitte durch. Ich freute mich schon riesig, weil ich dachte, sie schenke jedem von uns ein halbes Brot. Aber dann schnitt sie von jeder Hälfte eine Scheibe ab und gab sie uns. Anstatt das Brot sofort zu essen, brachte ich es wie in Pyritz brav nach Hause. Dort wurde ich sogleich von meiner Tante abgefangen, die natürlich wissen wollte, woher ich dieses Stück Brot hatte.

Am Nachmittag des folgenden Tages ging sie mit mir in dieselbe Bäckerei, und ich erlebte dort von ihr einen bühnenreifen Auftritt. Mit Tränen in den Augen bat sie um Brot für mich. »Sehen Sie doch, wie elend die Kleine aussieht! Ich will ja gar nichts für mich, aber Sie können doch die Kleine nicht verhungern lassen! Bitte, geben Sie uns ein Stück Brot!« Und das Wunder geschah: Die sichtlich gerührte Bäckersfrau vergewisserte sich mit einem scheuen Blick, dass niemand außer uns im Laden war, und gab meiner Tante rasch und heimlich ein ganzes Brot. Wieder draußen auf der Straße, wollte ich das Brot haben, aber meine Tante hielt es fest an sich gepresst. Da ich insbesondere durch meinen Vater zu absoluter Ehrlichkeit erzogen worden war und mir von Natur aus jedwede

Raffinesse fehlte, glaubte ich naiverweise, dass Erwachsene erst recht nicht lügen dürften und dass meine Tante wirklich um meinetwillen gebettelt hätte. Aber weit gefehlt! Von diesem Brot erhielt ich kein einziges Stück. War ich von meiner Großmutter ein solches Verhalten schon gewöhnt, so traf mich die Enttäuschung bei meiner Tante schmerzlich und tief, denn sie war bisher immer gut zu mir gewesen.

Meine einzige Zuflucht in diesen Tagen blieb Jürgen. Einmal hatte er im Garten zwei heruntergefallene Äpfel gefunden, einen großen und einen kleinen. Höflich, wie er war, bot er mir mit den Worten: »Welchen möchtest du?« die Äpfel an. Ohne zu zögern, nahm ich den größeren; denn mein Hunger war so groß, dass ich mein gutes Benehmen vergaß. Es war nach mehr als sieben Monaten das erste Stück Obst, das ich zu essen bekam. Erst viele Jahre später begriff ich, was dieser Junge für mich getan hatte. Sicher ging es ihm, seiner Mutter und seinen beiden Geschwistern besser als uns, weil sie in einer Wohnung, die unversehrt geblieben war, ihre Kleidung, Geschirr, Haushaltsgegenstände und dergleichen behalten hatten. Aber schließlich musste seine Mutter ihre drei Kinder allein durchbringen, denn der Vater war ebenso wie viele andere Männer irgendwann und irgendwo in Kriegsgefangenschaft geraten, und niemand wusste, ob er noch am Leben war. Auch habe ich Jürgen nie lächeln sehen, und allein die Tatsache, dass er mit mir betteln ging, bewies, dass sie selbst wenig zu essen hatten. Gerne würde ich mich noch einmal bei ihm bedanken. Da meine Mutter und ich frühmorgens am 04. August ganz plötzlich Angermünde verlassen mussten, konnte ich mich nicht einmal mehr von ihm verabschieden.

Seit Ende 2004 habe ich damit begonnen, Jürgen Vo(i)gt

zu suchen. Zuerst begann ich damit, alle Vogts oder Voigts in Angermünde telefonisch zu kontaktieren, jedoch ohne Erfolg. Danach glaubte ein ehemaliger Pyritzer, der seit 1953 in Angermünde lebt und den ich über die pommersche Landsmannschaft ausfindig gemacht hatte, mir eine heiße Spur vermittelt zu haben. Aber auch sie erwies sich bei näherem Hinschauen als falsch. Meine Anfrage beim Einwohnermeldeamt in Angermünde blieb ergebnislos; man verwies mich an das Brandenburgische Hauptarchiv in Potsdam, das mir wiederum mitteilte, dass es gar nicht zuständig sei und eventuelle Unterlagen nur beim Stadtarchiv in Angermünde zu finden seien.

Nachdem mir auch zwei Suchdienste mitgeteilt hatten, dass die Suche nach Jürgen Vogt ohne Angabe von Geburtsort und Geburtsdatum erfolglos bleiben müsste, wandte ich mich an das Stadtarchiv in Angermünde, wo es mir dann gelang, mit der Archivarin Frau Sperling zunächst telefonisch in Kontakt zu treten. Als sich auch hier eine zunächst vielversprechende Spur als falsch erwies, fuhr ich im Februar 2007 selbst für drei Tage nach Angermünde. Ich fand sogar das Haus der Vogts in der Schwedter Straße 32 wieder, das jetzt die Nr. 2 trägt und zu DDR-Zeiten »Straße der Freundschaft« hieß. Die jetzige Besitzerin, eine Frau in meinem Alter, die ich persönlich aufgesucht hatte, konnte sich kaum erinnern; nur daran, dass ihr Mann dieses Haus irgendwann zu Beginn der Fünfzigerjahre gekauft hatte. Auch Frau Sperling, die mich bei meiner Suche in Angermünde sehr unterstützte, fand keinerlei Hinweise darauf, dass eine Familie Vogt über längere Zeit in diesem Haus gewohnt hatte.

War ich zu Beginn meiner Suche immer davon ausgegangen, dass Jürgen und seine Mutter aus Angermünde stammten, weil sie einerseits eine intakte Wohnung besaßen und Jürgen andererseits ein reines Hochdeutsch sprach ohne Anklänge an ostpreußische oder schlesische Mundart, auch nicht an das nachlässige und oft falsche Hochdeutsch mancher Leute aus Hinterpommern, so verdichtete sich bei mir mehr und mehr die Vermutung, ja Befürchtung, dass die Vogts ebenso wie wir Flüchtlinge waren, was das Auffinden nur noch mehr erschweren würde. Auch ein Besuch bei der Regionalzeitung von Angermünde, den Frau Sperling vermittelt hatte, blieb ohne Echo. Der junge Redakteur, dem ich meine Geschichte erzählte und dem ich einen Kurzbericht mit einem Foto von mir übergab, zeigte sich sehr interessiert und schrieb darüber einen recht anschaulichen Artikel in der »Märkischen Oderzeitung«. Aber auch dieser Versuch brachte keine neuen Erkenntnisse. So muss ich mich wohl damit abfinden, dass ich Jürgen nicht mehr »Danke« sagen kann, wenn mir nicht noch in allernächster Zukunft ein glücklicher Zufall zu Hilfe kommen sollte. Natürlich mache ich mir Vorwürfe, dass ich nicht früher nach ihm gesucht habe. Aber ich muss auch gestehen, dass ich diese Kindheitserlebnisse immer wieder verdrängt habe, weil sie mir die Kraft geraubt hätten, die ich gebraucht habe, um mit den Kämpfen und Widrigkeiten in meinem Leben fertigzuwerden.

Doch nun zurück in die Zeit, die wir damals in Angermünde verbrachten. Nachdem ich drei Tage lang gezwungen war, bei Großmutter und Tante auszuharren, hörte ich spätabends kurz vor zweiundzwanzig Uhr – ich hatte mich schon schlafen gelegt – Schritte und das Geräusch von Männerstiefeln. Ich hatte mich nicht getäuscht: Meine Mutter war aus Berlin zurückgekehrt. Ich war froh und erleichtert, dass sie wieder da war.

Sie hatte sich in Berlin dank ihres guten Orientierungssinnes trotz der Ruinen und Trümmerwüsten bis nach Mariendorf zur Rathausstraße durchgeschlagen und dort auch Onkel Karl und Tante Grete wiedergefunden. Das Haus, in dem sie wohnten, war den Bomben nicht zum Opfer gefallen, die Wohnung aber war von den Besatzungssoldaten völlig ausgeplündert worden. Beide hungerten fürchterlich, wie mir meine Mutter später erzählte. Dennoch bekam sie dort ihre erste Scheibe Brot zu essen.

Wer in den ersten Nachkriegsjahren gezwungen war, in einer Großstadt zu leben, konnte dem Hungertod eigentlich nur entgehen, wenn er hilfreiche Verwandte oder Freunde auf dem Lande, am besten auf einem Bauernhof, besaß oder es verstand, erfolgreich auf dem schwarzen Markt zu tauschen und zu schachern. Natürlich war Letzteres verboten, und wer sich dabei von der Polizei erwischen ließ, wurde bestraft und die eingetauschte Ware beschlagnahmt. So konnte es passieren, dass nicht nur die gerade erworbenen Nahrungsmittel, sondern auch die Tauschgegenstände verloren waren. Und Karl Offenmüller war ein sehr gradliniger, ehrlicher Charakter, der eher verhungert wäre, als etwas Ungesetzliches und Illegales zu tun.

Tatsache ist, dass zwischen Kriegsende und Währungsreform in den Großstädten Tausende verhungerten oder an den Folgen von Mangelernährung starben. Und da wir als Flüchtlinge und Vertriebene zu jener Zeit noch nicht einmal Anspruch auf Lebensmittelkarten besaßen, war es Offenmüllers unmöglich, uns »durchzufüttern«. So blieb also die Berlinfahrt meiner Mutter erfolglos. Ein oder zwei Tage nach ihrer Rückkehr verließen wir nachmittags das Haus und trafen uns alle vor dem Krankenhaus, aus dem mein

Großvater gerade entlassen worden war. Es schnitt mir ins Herz, ihn so elend zu sehen. Der Mantel war ihm viel zu weit geworden; die gewickelten, bandagierten Beine steckten in Holzschuhen, die man ihm dort verpasst hatte, weil er seine geschwollenen Füße nicht mehr in normale Schuhe zwängen konnte. Auf einen Stock gestützt, versuchte er mühsam, sich aufrecht zu halten. Da er schon seit vielen Jahren an Krampfadern litt, hatte er auf dem langen Marsch von Pyritz nach Angermünde wohl offene Beine bekommen. Als meine Mutter und ich uns von ihm verabschiedeten, blieben meine Tante und meine Großmutter noch bei ihm.

Was sich an diesem Tag genau abgespielt hat, ist mir teilweise bis heute verborgen geblieben. Da wir auch hier in Angermünde keine Lebensmittelkarten bekamen, war es klar, dass wir, nachdem meine Mutter unverrichteter Dinge aus Berlin zurückgekehrt war, weiterziehen mussten, sobald mein Großvater aus dem Krankenhaus entlassen werden würde. – Wir gingen also zu »unserem« Haus zurück, wo alsbald meiner Mutter bewusst wurde, dass meine Großeltern und meine Tante uns hier allein zurückgelassen hatten. Ich weiß nicht, woher meine Mutter plötzlich wusste, dass die drei anderen noch am selben Nachmittag nach Greifswald gefahren waren und vorhatten, von da aus nach Zarrentin in Mecklenburg zu gelangen. Dorthin hatte sich Tante Paula, die Schwägerin meines Vaters, auf direktem Wege mit einem der letzten Züge, die aus Pyritz fuhren, zu einer Verwandten geflüchtet. Da meine Großeltern und meine Tante weder am Nachmittag noch am Abend in »unser Haus« zurückgekehrt waren, mussten sie noch an diesem Abend mit einem Zug aus Angermünde weggefahren sein. Wenn es so war, dann hatte sich mit aller Wahrscheinlichkeit meine Tante Mieke diese Strategie ausgedacht. Begabt mit einem analytischen Verstand und geschickt im Ausnutzen aller sich bietenden Gelegenheiten, hatte sie wahrscheinlich erkannt, dass es sehr viel schwerer oder gar nicht möglich sein würde, dort mit fünf Personen Aufnahme zu finden. Kämen sie jedoch vor uns in Zarrentin an, wäre die Chance, dort Fuß zu fassen, für sie erheblich größer.

Jedenfalls begaben wir uns am darauffolgenden Morgen – es war der 04. August 1945, der Geburtstag meiner Mutter – zum Bahnhof und kletterten in einen Güterzug, der sich auch bald in Bewegung setzte.

Als Greifswald nahte, machten wir uns zum Aussteigen bereit und standen in der geöffneten Wagenluke. Auf dem Bahnsteig weiter hinten warteten schon meine Tante und meine Großeltern. Ob sie uns dort abholen wollten, weil sie ihr schlechtes Gewissen plagte, oder ob sie den ersten Zug aus Greifswald zur Weiterfahrt nach Zarrentin nutzen wollten, wird wohl für immer ungeklärt bleiben.

Ich weiß nicht, ob der Lokführer das Halten und wieder Anfahren von seiner aktuellen Brennstoffmenge abhängig machte. Jedenfalls kam es damals häufiger vor, dass Züge, ohne zu halten, langsam durch die Bahnhöfe fuhren. Wenn man darauf eingestellt war und kein Gepäck bei sich hatte, konnte man mit einigem Geschick abspringen, ohne sich zu verletzen. Aber da Greifswald keine Kleinstadt war, hatten wir damit nicht gerechnet. Ein Bild jedoch wird wohl für immer deutlich in meiner Erinnerung bleiben. Die hilflos traurige Geste, mit der mein Großvater die Schultern hob, als der Zug wieder beschleunigte und Greifswald verließ. Vielleicht ahnte er bereits, dass er sein nunmehr einziges Enkelkind nicht mehr sehen würde. Denn ein knappes Vierteljahr später, gerade siebenundsechzigjährig, starb er. Es war also das letzte Mal, dass ich meinen Großvater sah.

Hätten ihn die Kriegserlebnisse, der Verlust seines Lebenswerks und seiner Heimat, die Flucht vor den Russen und die Strapazen der Vertreibung durch die Polen, Hunger und Elend nicht körperlich und seelisch zugrunde gerichtet, wäre er mindestens achtzig Jahre oder älter geworden; denn ich habe ihn vor diesen Ereignissen nie krank oder hilfsbedürftig erlebt.

Der Güterzug fuhr also weiter und hielt erst drei Stunden später in Scheune, wo er weit hinten auf den Gleisen stehen blieb. Der Ort Scheune hatte keinerlei Bedeutung, es war nur ein riesiger Eisenbahnknotenpunkt. Wir mussten also aussteigen. Gegenüber, parallel zu unserem Waggon, stand ein anderer Güterzug, und zwischen beiden lag ein Toter; bekleidet mit einem weißen Oberhemd, einer hellgrauen Hose und hellgrauen Socken, aber ohne Schuhe. Sicherlich hatte ihm jemand diese ausgezogen, weil er sie selbst dringend brauchte. Für die damalige Zeit wirkte seine Kleidung gepflegt und sein Körper keineswegs unterernährt. Nirgendwo waren Verletzungen an ihm oder eine Blutlache zu erkennen, und allem Anschein nach war es auch kein alter Mann, der dort auf rätselhafte Weise zu Tode gekommen war.

Wir betrachteten ihn so lange, weil er direkt vor unseren Füßen lag und uns den Ausstieg versperrte. Auch konnten wir nicht, wie bei einem Personenzug möglich, in den nächsten Waggon wechseln und durch eine andere Tür aussteigen. Es blieb uns gar nichts anderes übrig, als zuerst den Kinderwagen auf seinen Körper zu setzen und dann selbst auf ihn zu treten. Es war ein scheußliches Gefühl, diese weiche Masse unter den Füßen zu spüren und gleichzeitig zu wissen, dass das einmal ein Mensch war. Zum Glück lag auf seinem Gesicht ein Taschentuch; denn es wäre noch viel schrecklicher gewesen, wenn er uns dabei »angeschaut« hätte. Es war damals üblich, unbekannten und namenlosen Toten, die von keinen Angehörigen mehr bestattet werden konnten, ein Taschentuch aufs Gesicht zu legen – vorausgesetzt, man besaß noch eines. Mit diesem symbolischen Leichentuch verlieh man ihnen einen Rest von Ehre und Würde, bevor sie irgendwann von irgendwem »entsorgt« wurden. Sie zählten dann zu den sogenannten Vermissten, deren Angehörige oft noch jahrelang hofften, sie irgendwann lebend wiederzusehen.

Nachdem wir uns von dem Toten entfernt hatten, befragte meine Mutter mehrere Personen, denen wir zwischen den Gleisen begegneten, nach weiterfahrenden Zügen, bis uns jemand einen bereitstehenden Güterzug zeigte, der in zwei Stunden, gegen sechzehn Uhr, nach Stralsund fahren sollte. Wir kletterten also in einen der Viehwaggons, in dem frisches Stroh lag; sonst mussten wir uns immer auf den verschmutzten Boden setzen. Während wir so warteten und nach draußen schauten, hielt einige Gleise entfernt ein Güterzug, und vor einem Wagen, in dem junge Russen saßen, drängte sich eine Gruppe von Kindern, die Hände in die Luft gestreckt. Ich sagte: »Guck Mutti, die bekommen dort Brot mit Zucker!« »Lauf doch hin!«, erwiderte meine Mutter. Ich lief sofort hinüber, aber da ich zu absolutem Gehorsam erzogen worden war und nie gelernt hatte, mich durchzusetzen, gelang es mir nicht, mich durch die Gruppe hindurch nach vorn zu drängeln. Vergeblich streckte ich meine Hand aus, aber die anderen Kinder schnappten mir das Brot vor der Nase weg, bis die Russen nichts mehr zu verteilen hatten.

Traurig ging ich zurück zu unserem Waggon. Ich hätte so gerne eine Scheibe trockenes Brot mit Zucker gegessen.

Kurz vor Abfahrt des Zuges stieg noch eine Frau mit einem etwa zehnjährigen Jungen zu uns in den Wagen. Alsbald begann sie, die Kopfhaut ihres Sohnes nach Läusen abzusuchen und Nissen (Läuseeier) zu knacken. Wir hielten gebührenden Abstand, denn bisher waren wir von diesem Ungeziefer verschont geblieben.

Am frühen Abend erreichte der Zug Stralsund. Meine Mutter machte sich mit mir auf den Weg zu Frau Bahnsen, bei der wir im April 1945 nach Ditis Tod gewohnt hatten. Sie nahm uns freundlich auf und erlaubte uns, bei ihr zu übernachten. Die Bitte meiner Mutter, auf dem Fußboden zu schlafen, was keine Koketterie war, denn wir fühlten uns nicht nur schmutzig, wir waren es auch, lehnte sie kategorisch ab. Sie bestand darauf, dass wir beide in ihrem Schlafzimmer mit frisch bezogenem Bettzeug schliefen. Vor dem Schlafengehen wuschen wir uns, so gut es ging, in ihrem Badezimmer, das unversehrt geblieben war. In den anderen Räumen der Wohnung hatten die Russen gewütet und vieles verwüstet. Die Türen des Schlafzimmerschranks waren aufgeschlitzt und große Flächen herausgebrochen. Frau Bahnsen erzählte, dass die bei ihr eingefallenen Russen offensichtlich keine Spültoilette kannten, denn sie benutzten das Becken und die Wasserspülung dazu, Kartoffeln zu waschen, während sie ihre Notdurft draußen im Garten verrichteten. Wie lange sie diese Besatzer erdulden musste, weiß ich nicht; denn als wir am 04. August bei ihr anlangten, war die Wohnung sauber und aufgeräumt; nur die teilweise demolierten Möbel erinnerten noch daran.

Wir legten uns schon sehr bald schlafen, damit wir am nächsten Morgen früh aufbrechen konnten. Meine Mutter hatte mit Frau Bahnsen ausgemacht, dass wir ihre Wohnung, ohne sie zu wecken, verlassen würden. Und so geschah es auch. Ohne etwas gegessen zu haben, machten wir uns wieder auf den Weg. Dabei bin ich fast sicher, dass uns Frau Bahnsen sogar ein Stückchen Brot zum Frühstück geschenkt hätte, denn sie war ein gutmütiger und mitfühlender Mensch. Meine Tante hätte diese Situation mit Sicherheit ganz anders zu nutzen gewusst.

IV. Unsere Zeit in Saßnitz auf Rügen

Da wir in Stralsund nicht bleiben konnten – Lebensmittelkarten wurden uns auch jetzt noch verweigert –, blieb nur die Insel Rügen unsere alleinige Ausweichmöglichkeit. Allerdings musste sich meine Mutter verpflichten, die Insel nicht wieder zu verlassen, um nach Stralsund zurückzukehren. Den Grund für diese seltsame Maßnahme sollten wir bald erfahren: dass nämlich die Versorgungslage auf Rügen für die Flüchtlinge noch schlechter war, was sicherlich teilweise auch mit dem völlig zerbombten Rügendamm zusammenhing, über den kein Zug und nicht einmal mehr ein Pferdewagen fahren konnte. Unser Weg führte uns vom Stadtrand, wo Frau Bahnsen wohnte, quer durch Stralsund, bis wir nach mehr als einer Stunde den Rügendamm erreichten. Die fast fünf Kilometer lange Strecke wurde für uns zu einem nicht ungefährlichen Hindernislauf. Überall klafften tiefe Spalten, welche die Bomben in den Damm gerissen hatten, nur notdürftig überbrückt von Brettern oder einer Eisenplatte, unter denen das Wasser gurgelte. Jedenfalls waren wir froh, als wir wieder festen Boden unter den Füßen spürten. Ich weiß nicht mehr, wie lange wir noch laufen mussten, bis wir eine Bahnstation erreichten, von der aus wieder Güterzüge fuhren. Das Schienennetz auf der Insel war offensichtlich intakt geblieben. Unterwegs, ich glaube, es war in Bergen, mussten wir noch einmal umsteigen, bis wir am frühen Nachmittag in Saßnitz auf Rügen eintrafen.

Da uns das Schicksal wider Willen nach Stralsund und auf die Insel Rügen verschlagen hatte, erinnerte sich meine Mutter an ihren vier Jahre älteren Jugendfreund Werner Borth, den sie als Zwölf- oder Dreizehnjährige in Kolberg kennengelernt hatte, wo sie zusammen mit ihrer Mutter und ihrem Bruder Siegfried einen Sommerurlaub verbracht hatte. Aus heutiger Sicht würde man diese »Beziehung« wohl eher als Kinderfreundschaft ihrerseits und als Jugendschwarm seinerseits bezeichnen. Jedenfalls schrieb er meiner Mutter aus Saßnitz. Da es auf Rügen keine Verwandten von ihm gab, suchte meine Mutter die Familie seiner Frau auf. Wir trafen seine Schwiegermutter und seine Schwägerin in ihrem Haus an, die uns aber nicht aufnahmen, sondern uns in die Merkelstraße zu einem Ehepaar namens Michaelsen schickten.

Er war ein rundlicher, freundlicher Mittfünfziger, den ich aber zunächst nicht zu sehen bekam; denn seine Frau, eine hochgewachsene Kielerin, eine Mitt- bis Endvierzigerin mit dem Vornamen Adele, war offensichtlich die »Chefin«. Leider! Nachdem ich draußen vor der Haustür eine ganze Weile gewartet hatte, während meine Mutter mit Adele, wie wir sie von nun an heimlich nannten, drinnen verhandelte, durften wir ein kleines, schmales Zimmer beziehen, das ihr im Krieg vermisster Sohn als Kind bewohnt hatte. Links hinter der Tür stand eine sogenannte Waschkommode, darauf eine Waschschüssel und eine Wasserkanne aus Porzellan, dahinter ein Bett und zwischen Bett und Fenster, das der Tür genau gegenüberlang, ein kleiner Schrank, der für unsere wenigen Habseligkeiten noch zu groß war. Auf der anderen Seite, getrennt durch einen schmalen Gang, befand sich ein zweites Bett, dann folgte eine winzige Sitzbank für eine Person, davor ein kleiner Tisch mit einem Stuhl und daneben ein schöner Kachelofen. Da dieses Zimmer nur eine Außenwand mit einem Westfenster hatte, spendete uns der Kachelofen im Winter trotz der winzigen Holzzuteilung eine wohlige Wärme. Nun hatten wir also wieder ein Dach über dem Kopf, aber nichts zu essen, denn Lebensmittekarten bekamen wir erst vierzehn Tage später, ganz abgesehen davon, dass diese Rationen zum Sterben zu viel und zum Leben zu wenig waren.

Auch Frau Radvan, der Schwiegermutter von Werner Borth, kam es nicht in den Sinn, uns etwas Essbares zu geben, obwohl sie, wie ich Jahrzehnte später von ihrer Enkelin erfuhr, was die Nahrungsmittel anbetraf, sich und ihre Familie mit Butter, Eiern, Mehl, Fisch, Fleisch, Kuchen und anderen Köstlichkeiten so weiterernährten, als hätte es nie einen Krieg gegeben. Einzig und allein der Bohnenkaffe war mitunter trotz bester Tauschmittel nicht immer verfügbar. Allerdings erhielt meine Mutter von den abgelegten Sachen Frau Borths einen schwarz-weiß gemusterten Sommerrock und eine weiße Bluse, dazu ein Paar weiße Badeschuhe aus Gummi, die sie in der Sommerhitze ohne Strümpfe oder Söckchen tragen musste, ein zweifelhaftes Vergnügen, aber außer den viel zu großen Männerknobelbechern besaß sie keine Schuhe mehr.

Von irgendwoher hatte meine Mutter noch ein paar überjährige ausgekeimte Kartoffeln und ebenso alte Mohrrüben aufgetrieben, die so gut wie keinen Nährwert besaßen. In Wasser gekocht, ohne ein Gramm Fett und ohne ein Körnchen Salz, was fast noch schlimmer war, war dieser Brei unsere einzige Nahrung in den darauffolgenden Tagen. Bald zeigten sich bei meiner Mutter Hungerödeme. Ihr Gesicht wirkte leicht aufgedunsen, und in Bauch und Oberschenkeln bildeten sich Wasseransammlungen.

In diese erste Woche auf Rügen fällt noch ein anderes Ereignis. Wie ich bereits erwähnte, saßen wir am 04. August im Güterzug von Scheune nach Stralsund zusammen mit einer

Frau, die auf dem Kopf ihres Kindes Läuse und Nissen zerdrückte. Obwohl wir in der anderen Ecke des Waggons saßen, müssen wohl einige der Eier an meinen Körper gelangt sein, denn nun hatte auch ich Kopfläuse. Meine Mutter ging am nächsten Tag – es war ein Sonnabendmorgen – zu einer Ärztin, die mein Haar und meine Kopfhaut mit einer Tinktur bestrich, welche die Läuse abtöten sollte. Um die Wirkung zu verstärken, wickelte sie aus Binden einen festen Turban um meinen Kopf, den ich bis zum darauffolgenden Montag nicht abnehmen sollte. Bereits am Sonntagnachmittag begann diese Tinktur auf meinem Kopf zu brennen. Meiner Mutter erzählte ich nichts davon, denn ich dachte, ich müsse es aushalten. In der Nacht wurde es aber immer schlimmer, sodass wir gleich am Montagmorgen die Ärztin aufsuchten. Als diese den Turban entfernte, waren zwar die Läuse abgetötet, aber meine gesamte Kopfhaut war total verätzt. Mir war übel, ich hatte Bauchschmerzen, mich fror, und ich konnte mich kaum auf den Beinen halten. Der etwa ein Kilometer lange Weg in die Merkelstraße erschien mir endlos, und das, obwohl ich vor zwei Wochen noch daran gewöhnt war, an einem Tag über zwanzig Kilometer zu laufen. Nun glaubte ich, diesen kurzen Weg nicht mehr schaffen zu können; so elend fühlte ich mich. Als wir endlich dort angekommen waren, legte ich mich sofort ins Bett. Meine Mutter bestrich mir die Kopfhaut mit Lebertransalbe, die ihr die Ärztin mitgegeben hatte. Es war übrigens das einzige Medikament, das den Ärzten für Hautkrankheiten aller Art zur Verfügung stand. Penicillin und Antibiotika wurden der Zivilbevölkerung vorenthalten und höchstens den russischen Besatzungssoldaten verabreicht. Zum Glück half die Salbe, und nach ein paar Tagen heilte meine Kopfhaut.

Da meine Mutter nach der Kapitulation keinen Wehrsold

mehr bekam, musste sie irgendeine bezahlte Arbeit finden. Der Wehrsold war eine Art Gehalt für Frauen, deren Männer zur Wehrmacht eingezogen worden waren und somit nicht für ihre Familien sorgen konnten. Zwar war die Reichsmark nichts mehr wert, aber für alltägliche Bedürfnisse, wie beispielsweise die Miete, wurde sie dennoch gebraucht.

Meine Mutter fand eine Ganztagsbeschäftigung im Saßnitzer Kindergarten, die ihr Frau Borth vermittelt hatte. Da die meisten Männer und Väter entweder im Krieg gefallen oder irgendwo in Kriegsgefangenschaft geraten waren und somit ihr Schicksal ungewiss war, waren nun die Frauen und Mütter gezwungen, nicht nur die Arbeit der Männer zu verrichten, sondern auch für den Unterhalt der Familien zu sorgen. Aus diesem Grunde brauchten ihre Kinder tagsüber eine Betreuung in einem Kindergarten. Zwar besaß meine Mutter keine Ausbildung als Kindergärtnerin, wurde aber trotzdem genommen. Nach dem Besuch des Lyzeums und der Aufbauschule, der Oberstufe eines Gymnasiums für arme, aber begabte junge Mädchen, die kein Schulgeld bezahlen konnten – denn sie war ja seit ihrem vierzehnten Lebensjahr Vollwaise –, hatte sie in Berlin ein oder zwei Jahre lang das »Lettehaus« besucht, eine Haushaltsschule für »höhere Töchter«. Dort lernte man neben Nähen, Kochen, Backen und Nahrungsmittelchemie das Führen eines gehobenen Haushalts, Gästebewirtung in adäquater Form, die richtige Tischplatzordnung, dem Rang der Eingeladenen entsprechend, und natürlich gesellschaftliche Umgangsformen. Im Rahmen dieser Ausbildung hatte sie auch ein mehrwöchiges Praktikum in einem Kindergarten absolviert und danach als Erzieherin auf einem pommerschen Rittergut gearbeitet.

Mit Beginn der dritten Augustwoche 1945 verließen meine

Mutter und ich morgens um sieben Uhr – eigentlich war es fünf Uhr, da die Russen die doppelte Sommerzeit eingeführt hatten – das Haus in der Merkelstraße, damit wir pünktlich um halb acht im Kindergarten sein konnten. Während unseres halbstündigen Weges mussten wir jeden Morgen und jeden Abend an der russischen Kommandantur vorbeigehen, vor der ein russischer Wachposten mit geschultertem Gewehr stand. Und jedes Mal klopfte uns vor Angst das Herz, denn es kam durchaus vor, dass Vorübergehende vom Wachsoldaten zum Kommandanten gebracht, unter einem Vorwand festgenommen und als Zwangsarbeiter nach Sibirien verschleppt wurden. Da Saßnitz zur damaligen Zeit im Grunde genommen ein lang gezogenes Straßendorf war, gab es für uns auch keinen Umweg, den wir hätten gehen können.

Um sieben Uhr abends schloss der Kindergarten, und nachdem meine Mutter alle Tische gesäubert und aufgeräumt hatte, machten wir uns eine halbe Stunde später auf den Heimweg. Besonders meine Mutter war dann immer sehr erschöpft, und wir gingen bald darauf zu Bett. Aber die gleißende Sonne, die durch unser Westfenster fiel, ließ uns oft erst um Mitternacht einschlafen, wenn es endlich dunkel wurde.

In diese Zeit fiel auch ein Ereignis, das uns wieder einmal vor Augen führte, welcher Willkür und Gefahr wir immer noch ausgesetzt waren. Alle nicht auf Rügen Ansässigen, also wir Flüchtlinge, mussten einen neuen Ausweis beantragen, wozu natürlich auch ein aktuelles Passbild gehörte. Da es in Saßnitz aber nur einen Fotografen gab und wir keinerlei Beziehungen hatten, erhielt meine Mutter die Fotos erst nach vierzehn Tagen und konnte auch erst dann den Ausweis beantragen, als die ihr gesetzte Frist bereits abgelaufen war.

Als wir uns eines Abends vom Kindergarten wieder auf den Heimweg machten, gerieten wir, nicht weit von der Kommandantur entfernt, in eine Straßensperre und Ausweiskontrolle. Alle, die noch keine neuen Ausweise besaßen, durften ihren Weg nicht fortsetzen. Sie wurden von russischen Wachposten zusammengetrieben und durften sich nicht vom Fleck rühren. Meine Mutter flüsterte mir zu: »Lauf nach Hause.« Ich gehorchte und erreichte unbehelligt das Haus in der Merkelstraße, wo ich sogleich in unser Zimmer ging. Nachdem ich über eine Stunde gewartet hatte, hörte ich auf dem Flur ihre Stimme. Sie fragte nach mir und erzählte Herrn Michaelsen kurz, was ihr zugestoßen war. In einem unbewachten Moment war es ihr gelungen zu fliehen, in den steil ansteigenden Wald zu flüchten und von dort auf Umwegen nach Hause zu gelangen. Erschöpft, aber erleichtert gingen wir dann gleich zu Bett.

Doch es dauerte keine halbe Stunde, bis wir im Hausflur fremde Stimmen hörten. Zitternd schmiegten wir uns aneinander, denn Herr Michaelsen wurde gefragt, wer sich außer ihm und seiner Frau noch in der Wohnung aufhalte. Er hatte sich in voller Breite vor unsere Tür gestellt und ganz ruhig geantwortet, dass hier niemand anderer mehr wohne. Seiner besonnenen Art und seiner Zivilcourage verdankten wir es, dass meine Mutter nicht festgenommen und vielleicht nach Sibirien verschleppt worden ist. Denn eines war ganz offensichtlich: Diese Aktion war eine reine Schikane, und sie geschah just zu einem Zeitpunkt, wo noch nicht alle Flüchtlinge neue Ausweispapiere erhalten hatten und sich so in einer rechtlosen Grauzone befanden. Ohne nachweisbare Identität konnten sie von den Russen problemlos als Zwangsarbeiter nach Sibirien verschleppt werden und ihre Angehörigen erst nach vielen Jahren wiedersehen, wenn sie denn den Transport und das Arbeitslager überhaupt überlebten. Ich weiß nicht mehr, wann meine Mutter ihren Ausweis erhielt, aber bis zu diesem Tag zitterten wir vor Angst, wenn wir morgens und abends auf unserem Weg zum Kindergarten an der russischen Kommandantur vorbeigehen mussten. Es wäre für meine Mutter auch nicht möglich gewesen, mehrere Tage zu Hause zu bleiben, denn dann hätte sie ihre Arbeit verloren und wir hätten überhaupt nichts zu essen gehabt. Zwar konnte man die Verpflegung im Kindergarten aus heutiger Sicht nur als Fraß bezeichnen: überjährige Kartoffeln und altes Gemüse, ohne Fett und ohne Salz in Wasser gekocht, waren unsere tägliche Nahrung, aber sie rettete uns vor dem Verhungern. Nur das Frühstück schmeckte etwas besser. Es gab für jeden ein oder zwei Scheiben Brot und dazu eine künstlich gesüßte sogenannte Vierfruchtmarmelade.

Durch die langen Hungerperioden und die dann folgende Mangelernährung war mein Immunsystem so weit geschwächt, dass jeder kleine Kratzer, den ich mir zuzog, sich zu einer Eiterbeule auswuchs. Seit einem Dreivierteljahr hatte ich kein Stück Obst oder frisches Gemüse zu essen bekommen – abgesehen von dem Apfel, den mir Jürgen in Angermünde geschenkt hatte. Einmal war es besonders schlimm. Ich war draußen hingefallen und hatte mir dabei das Knie aufgeschürft. Um mein einziges Kleid nicht mit Blut zu beschmutzen, pflückte ich Blätter von einem Busch, um es abzuwischen. Es bildete sich zwar bald ein Schorf, aber kurz danach eine riesige Eiterbeule, die das ganze Knie bedeckte und keinen Abfluss hatte. Wieder wurde mir ein Verband mit Lebertransalbe verpasst, aber dieses Mal versiegte ihre Heilkraft. Das Knie schmerzte bei der leisesten Berührung, und tagelang fühlte ich mich schwach und elend, bis dann endlich mein Körper die Infektion noch einmal besiegen konnte. Es grenzt schon an ein kleines Wunder, dass ich damals nicht an Blutvergiftung gestorben bin.

Ein anderes Mal hatte mein Magen gegen den Kindergartenfraß rebelliert, und ich musste mich morgens früh übergeben. Obwohl ich in den Toiletteneimer, der vor unserer Waschkommode stand, gespuckt hatte, waren wohl ein paar Spritzer auf den alten Flickenläufer geraten. Meine Mutter konnte die Flecken ja nur in aller Eile mit Wasser ausreiben, sonst wäre sie zu spät zur Arbeit gekommen. Außerdem besaßen wir weder Seife noch Waschpulver. Unsere Seife bestand aus zerriebener verbrannter Baumrinde. Während ich den ganzen Tag über allein im Zimmer das Bett hütete, ließ sich Frau Michaelsen kein einziges Mal blicken, um nach mir zu schauen. Dabei war sie Rote-Kreuz-Dame, aber ohne die Idee und das Gedankengut dieser Organisation je verinnerlicht zu haben. Vornehm tuend, ohne es jedoch von Herkunft und Erziehung zu sein, diente dieser Posten nur ihrer gesellschaftlichen Aufwertung. Jedenfalls entblödete sie sich nicht, zwei Tage später, nachdem sie in unserer Abwesenheit das Zimmer inspiziert hatte, mit Blick auf die winzigen Flecken im Läufer, spitz und herablassend zu bemerken: »Und Sie wollen eine Arztfrau sein!« Meine Mutter kochte innerlich vor Wut über diese eingebildete und dumme Person, schwieg aber aus Angst, vor die Tür gesetzt zu werden. Auf die Idee, uns ein Stück Seife oder ein bisschen Waschpulver zu schenken, kam sie natürlich nicht. Zum Waschen unserer Unterwäsche benutzten wir Kastanienlauge. Zu diesem Zweck wurden die Kastanien von der Schale befreit, die Frucht in kleine

Stücke geschnitten und mit Wasser übergossen. Nach etwa vierundzwanzig Stunden konnte man diese dann zum Waschen verwenden.

Ein andermal, als meine Mutter und ich zusammen mit Frau Borth auf einem Waldspaziergang dicht neben dem Weg herrliche Steinpilze gefunden hatten und meine Mutter sie in der Küche zubereiten wollte, folgte ich ihr, um ihr bei der Arbeit zuzuschauen. Ich setzte mich also auf einen Küchenstuhl neben dem Herd, was sofort Adele auf den Plan rief. Mit Blick auf mich sagte sie zu meiner Mutter: »Die Kleine wird doch wohl nicht mit ihren Schuhen die Stuhlbeine zerkratzen!« Wir hatten uns so auf diese Pilzmahlzeit gefreut, aber da meine Mutter nur einen Teelöffel Mehl zum Andicken fand und drei Stiele Petersilie, die ihr Frau Michaelsen erlaubt hatte, in ihrem Garten zu pflücken, schmeckten selbst diese Edelpilze fad, zumal wir weder ein Körnchen Salz noch ein Gramm Fett an die Soße geben konnten. Überhaupt war dieser Sonntagnachmittag eine große Enttäuschung für uns.

Da es in Saßnitz während des Krieges eine kleine Fabrik gab, in der Fallschirme hergestellt wurden, hatten sich viele Einheimische nach Kriegsende mit Seide und Kordeln versorgt. Allenthalben sah man Kleider aus eingefärbter Fallschirmseide oder aus aufgedrehten Kordeln gestickte Pullover oder Strümpfe. Meine Mutter hatte Frau Borth gebeten, uns den Ort der Fabrik zu zeigen. Wir trafen uns am frühen Nachmittag in ihrer Wohnung in der Bachstraße. Ich hoffte, dort auch Lilo, ihre Tochter, zu sehen, mit der ich, bevor meine Mutter Arbeit im Kindergarten fand, gespielt hatte. Aber sie war bei ihrer Großmutter. Auch eine andere Hoffnung erfüllte sich nicht. Meine Mutter und ich hatten insgeheim erwartet, dass Frau Borth uns eine Tasse Kaffee und ein Stückchen Kuchen anbieten würde, den sich die Einheimischen durchaus jeden Sonntag leisten konnten. Doch nichts dergleichen geschah. Nachdem Frau Borth eine große Schere eingesteckt hatte – wir besaßen ja keine mehr –, gingen wir in den Wald und machten uns auf die Suche. Wir fanden jedoch weder eine Seidenbahn noch ein Stück Kordel. Für uns arme Flüchtlinge war wieder einmal nichts übrig geblieben. Allerdings bemerkten wir in einigen Pfützen blut- und schmutzverkrustete Uniformen von desertierten Soldaten, die diese mit Absicht in den Dreck getreten hatten, um keine Fährte für ihre Verfolger zu legen. Meine Mutter schnitt aus diesen Uniformen ein paar kleine Stücke heraus, die noch einigermaßen sauber waren, musste aber bald einsehen, dass es ein nutzloses Unterfangen war, denn wie sollte sie diese Stoffreste reinigen? Außerdem waren die Stücke so klein, dass man daraus nichts Vernünftiges hätte schneidern können; und zum Aneinandernähen der einzelnen Teile fehlte uns das Garn. Wir gingen also zurück zu Frau Borths Wohnung, und da die Kaffeezeit noch nicht ganz vorüber war, hoffte ich von Neuem auf ein Stückchen Kuchen oder wenigstens ein Marmeladenbrot, jedoch vergebens.

Um noch einmal auf die Pilze zurückzukommen, so gab es davon reichlich in dem Wald, der Saßnitz teilweise umgab. Es war nur für junge Frauen nicht ratsam, sich dort allein aufzuhalten, denn noch immer bestand die Gefahr, von russischen Soldaten vergewaltigt zu werden. Aber bei schönem Wetter liefen wir Kinder zusammen mit einer Kindergartenaufsicht in den Wald. Dabei wurden wir häufig von Fräulein Eva Funck begleitet. Sie war kaum achtzehn Jahre alt, hatte aber ebenso wie meine Mutter behauptet, eine ausgebildete Kindergärtnerin zu sein. Da sie sehr viele Spiele kannte, einen Chor zu leiten verstand und außerdem von vielen Dingen Kenntnis hatte, die einem in der Not das Überleben sicherten, kam die Vermutung meiner Mutter, dass es sich bei Eva Funck um ein ehemaliges BDM-Mädchen handelte, der Wahrheit wohl am nächsten. Jedenfalls besaß Fräulein Funck – so mussten wir sie trotz ihres jungen Alters nennen – eine recht gute Pilzkenntnis. Von ihr lernte ich, dass es außer Steinpilzen und Pfifferlingen noch andere essbare Pilze gab, nämlich Ziegenlippen (Rotfußröhrlinge), die sie allerdings Butterpilze nannte, dann die großen weißen Parasolpilze und vor allem im Spätherbst die Hallimasche, die unserem sonntäglichen Kartoffel-Wassergemisch durch ihren herben, kräftigen Geschmack Würze verliehen und uns besser sättigten.

Durch Fräulein Funk erfuhr meine Mutter auch, dass man aus geflochtenen Binsenzöpfen Hausschuhe herstellen konnte. So wurde ich angehalten, auf unseren nachmittäglichen Ausflügen in den Wald nach Binsen Ausschau zu halten und möglichst lange Halme mitzubringen. Wenn abends um neunzehn Uhr die Kinder nach Hause gingen, meine Mutter die Tische säuberte und für Ordnung in den Räumen sorgte, nahm ich ein Bündel Binsen, umwickelte es am oberen Ende mehrmals mit Gern und befestigte es an einer Stuhllehne. Somit konnte ich die dreiflechtigen Zöpfe ganz straff ziehen: Das war wichtig, denn verarbeitet wurden sie erst im getrockneten Zustand. Um lange Zöpfe zu flechten, musste man zwischendurch neue Binsen anlegen und einarbeiten. Dabei gab es einen Trick, den ich inzwischen aber vergessen habe.

Da mein einziges Paar Schuhe von den langen Fußmärschen und dem ständigen Tragen durchgelaufen war und kein

Schuster sie besohlen wollte, weil wir ihm kein Stück Leder mitbringen konnten, musste ich jetzt in sogenannten Holzkurkeln oder Oderkähnen laufen, die meine Mutter irgendwo aufgetrieben hatte. Außerdem waren sie sehr unbequem, weil sie mir nicht richtig passten. Um besagte Hausschuhe herzustellen, schnitt meine Mutter zuerst ein Stück Pappe in Form einer Sohle zu. Dann wurden die getrockneten Binsenzöpfe hochkant, damit die Sohle dicker wurde, aneinandergenäht, was schon nicht so einfach war. Mehr Geschick erforderten jedoch die Fersenkappe und das vordere Deckblatt. Danach fütterte meine Mutter diesen Binsenschuh mit dem Fußteil eines alten, kaputten Strumpfes, den ihr jemand geschenkt hatte. Es war wirklich ein kleines Meisterwerk, was ihr da auf Anhieb gelungen war. Denn trotz meiner empfindlichen Haut habe ich in diesen Schuhen nie eine Blase bekommen; und ich war sehr froh darüber, dass ich nur noch draußen in den Holzkurkeln laufen musste. Leider aber waren die Binsensohlen durch die tägliche Beanspruchung schon nach wenigen Monaten durchgelaufen.

Als sich der Herbst ankündigte, flocht ich wieder Zöpfe, diesmal aber ein sechssträhniges Geflecht, die meine Mutter dank eines kleinen Stücks geschenkter aufgedrehter Fallschirmkordel aneinandernähte, sodass daraus eine Art rechteckiger Läufer entstand, aus dem sie mit zwei eingesetzten Seitenteilen eine Aktentasche fertigte. Mit einer Schlaufe und einem Riegelknopf, ebenfalls aus Binsen, konnte man sie sogar verschließen. Diese Schultasche habe ich noch vier weitere Jahre in Cismar benutzt, bis ich beim Eintritt in die Quarta des Gymnasiums (1950) eine lederne Aktentasche bekam. So lange hatte sie gehalten, wenn auch der Tragegriff fast durgescheuert war und sich durch das weitere Eintrocknen der Binsenflechten an den Nahstellen Zwischenräume gebildet hatten.

Als nun Ende Oktober 1945 in Saßnitz wieder der Schulunterricht begann, besaß ich eine schöne Schultasche, aber noch kein Heft, kein Schreibpapier und keinen Bleistift. Doch unsere Klassenlehrerin Frau Heyden, die rechtzeitig mit ihrer Tochter Viktoria, genannt Vicki, nach Rügen hatte fliehen und dableiben können, weil Verwandte oder gute Bekannte sie aufgenommen hatten, bedachte mich immer, wenn sie ein paar Blätter Papier oder einige Bleistifte in der Klasse verteilte. Obwohl ich elf Monate lang die Schule nicht besuchen konnte und hier im Gegensatz zu Pyritz die Versetzung zu Ostern stattfand, kam ich gleich in die zweite Klasse. Ich hatte aber den Unterrichtsstoff von mehr als einem halben Jahr versäumt, weil ich in Pyritz zwar im September 1944 in die zweite Klasse versetzt worden war, aber seit Mitte November 1944 bis zu unserer Flucht sogenannte Kohleferien hatte, das heißt, Schulen und viele öffentliche Gebäude wurden nicht mehr geheizt. Der Brennstoff wurde von den Nazis für den Soldatentransport an die Ostfront benötigt, um den großen »Endsieg« zu erkämpfen; denn »Räder müssen rollen für den Sieg«. Dieser Slogan stand 1944 an jedem Eisenbahnwagen. In Wirklichkeit endeten diese Soldaten als Kanonenfutter, starben in russischen Gefangenenlagern oder kehrten, wenn sie großes Glück hatten, mit bleibenden gesundheitlichen Schäden nach vielen Jahren in ihre Heimat oder wie wir Flüchtlinge in andere Teile Deutschlands zurück.

Jedenfalls wurde ich trotz besagter Lerndefizite nach kurzer Zeit Klassenbeste, was mir vielleicht auch die Sympathie von

Frau Heyden eintrug. Im Gegensatz zu uns war sie sehr gut gekleidet, und so war ihr sicherlich nicht entgangen, dass ich nur ein einziges, schon sehr abgetragenes Winterkleid besaß, denn einmal gab sie mir nach Schulschluss ein kleines Päckchen, das ich erst zu Hause öffnen sollte. Zu unserer großen Überraschung befanden sich darin zwei nagelneue Schlüpfer von guter Qualität. Die Freude darüber war so riesig, als wenn man mir als junger schlanker Frau ein teures Modellkleid geschenkt hätte.

Leider erlebte ich bei einer Saßnitzer Klassenkameradin, Koch mit Nachnamen, das krasse Gegenteil. Als sie mich eines Tages fragte, warum ich denn kein richtiges Schreibheft und keinen anständigen Bleistift besäße, erzählte ich ihr, dass wir vor den Russen hätten fliehen müssen und dass die Polen uns das letzte bisschen Habe auch noch weggenommen hätten. Sie schien zunächst beeindruckt und versprach mir, etwas Schreibzeug von zu Hause mitzubringen. Tags darauf ging ich erwartungsvoll auf sie zu, aber sie gab mir nichts, sondern sagte nur: »Ich hab das meinem Opa erzählt. Und der sagt: ‚So was gibt's gar nicht! Du spinnst.'« Ich war wie vor den Kopf gestoßen und unfähig, auch nur ein Wort zur Richtigstellung oder Verteidigung hervorzubringen. Schweigend setzte ich mich wieder auf meinen Platz. Nach all dem, was wir erlitten und fast nicht überlebt hatten, galt ich als Lügnerin, die solche Geschichten erfand, nur, um sich interessant zu machen. Es überstieg mein damaliges Vorstellungsvermögen, dass man mir so etwas zutraute. Heute ist mir natürlich klar, dass in erster Linie dieser Opa, der wahrscheinlich nie seine Insel verlassen hatte und ohnehin, wenn überhaupt, über einen ganz kleinen Horizont verfügte, schuld an meinem Schmerz und meiner Verstörtheit war. Er, der nie Not gelitten hatte, lebte nach der Devise: »Ich habe nicht nur satt, sondern gut zu essen, habe eine warme Wohnung, vielleicht sogar ein Haus. Was kümmert mich der Rest der Welt? Und wenn es anderen schlechter geht als mir, dann sind sie selber daran schuld.«

Nach diesem Erlebnis erzählte ich jahrelang niemandem mehr von unserer Flucht und Vertreibung. Selbst als mich Frau Heyden einmal fragte, ob ich ein Einzelkind sei, antwortete ich nur mit »Ja«, ohne zu erwähnen, dass unser geliebter Diti ein halbes Jahr zuvor gestorben war. All die Tränen, die ich bei seinem Tode nicht weinen konnte, weil ich seinen Verlust nur in einer Art Versteinerung ertragen konnte, überschwemmten mich immer wieder, als ich längst erwachsen war. Es ging mir damals wie dem armen Heinrich im Märchen, der sich Eisenringe um seine Brust schmieden ließ, damit ihm das Herz darin nicht vor Kummer und Schmerz zersprang.

Inzwischen war es November und schon sehr kalt geworden, als meine Mutter von einer fremden Frau, die in den Räumen oberhalb des Kindergartens wohnte, gefragt wurde, ob sie denn ohne Strümpfe nicht friere. Sie gab zur Antwort: »Doch, aber ich habe keine mehr.« Daraufhin schenkte ihr diese gute Seele ein Paar langer Strümpfe; eine Kostbarkeit, die man damals nur auf Tauschwegen erwerben konnte.

Auch Frau Bender, die einzige wirklich ausgebildete Kindergärtnerin, gab uns einmal drei grüne Heringe mit, als wir sie im November besuchten. Paradoxerweise war sie Ende Oktober als Erste entlassen worden. Als Anhängerin von Ellen Key, einer englischen Pädagogin und Schriftstellerin, die schon in den Dreißigerjahren eine abgemilderte Form der antiautoritären Erziehung propagierte, konnte sie sich im Kindergarten nicht so schnell Respekt verschaffen, was ihr als Schwäche ausgelegt wurde. Denn damals galt ein Kind als gut erzogen, wenn es aufs Wort parierte. Es gab bestimmte Regeln, die eingehalten werden mussten. Wer sie übertrat oder missachtete, hatte mit empfindlichen Strafen zu rechnen. Natürlich nutzten die Kinder Frau Benders Milde aus, was ihren Stand weiter erschwerte.

Sie wohnte in der Saßnitzer Marinesiedlung, weil sie die Frau eines Marineoffiziers war, der bereits vor Kriegsende als vermisst gemeldet worden war. Höchstwahrscheinlich lebte er schon gar nicht mehr. Um Ellen und Edward, ihre damals etwa fünf- und siebenjährigen Kinder, durchzubringen, war sie nun gezwungen, in einer Fischfabrik zu arbeiten. Diese Arbeit war in keiner Weise vergleichbar mit heutigen Fabrikbedingungen. Es gab weder entsprechende Schutzkleidung noch Hauben oder gar Handschuhe, denn Plastikmaterial wurde erst Jahre später erfunden. Außerdem roch alles nach Fisch, ganz abgesehen davon, dass dies eine Tätigkeit auf Hilfsarbeiterniveau war, die bis zu diesem Zeitpunkt nur von Frauen ausgeführt wurde, die außer Fischputzen und -zerteilen verstandesmäßig nicht in der Lage waren, eine Lehre oder gar Ausbildung zu beginnen. Es war für sie schon ein recht hartes Brot, und die Fischmenge, die ihr zustand, äußerst gering. Deshalb schmuggelte sie von Zeit zu Zeit einige Fische auf dem nackten Leib aus der Fabrik, immer mit dem Risiko, dabei erwischt zu werden und auch diese Arbeit zu verlieren.

Anfang Dezember bekamen wir zum ersten und einzigen Mal ein Viertelpfund Salz und ein halbes Pfund braunen

Zucker als Sonderzuteilung. Ich sehe es noch genau vor mir, wie wir den Zucker aus der rosabraunen Papiertüte mit einem Teelöffel sofort aufaßen. Es war die erste Süßigkeit, seit wir Kublank am 02. März verlassen mussten. Die Versorgungslage war auf Rügen im Vergleich zu Mecklenburg für Nichteinheimische besonders schlecht. Es lag aber nicht nur daran, dass über den zerstörten Rügendamm noch keine Züge fuhren, sondern maßgeblich an einem korrupten Schweriner Bürgermeister, dem die Verteilung der Lebensmittel in Vorpommern oblag und der hauptsächlich in seine eigene Tasche gewirtschaftet hatte. Nach dessen Absetzung gab es außer Brot und Kartoffeln ab Januar 1946 pro Kopf und pro Monat fünfzig Gramm Fisch auf Lebensmittelkarten. Davon erfuhr ich aus einem Brief meiner Mutter, den ich, wie die anderen zitierten Briefe auch, 2003 im Nachlass meines Vaters fand.

Und dann kam Weihnachten. Da meine Mutter am Heiligenabend bis zum späten Nachmittag im Kindergarten arbeiten musste, gingen wir gleich von dort aus zur Kirche, die bereits brechend voll war. Wir fanden nur noch einen Stehplatz rechts an der Wand. Der Pastor hielt eine ergreifende Predigt, in der er auch auf das Schicksal vieler Flüchtlinge einging. Der Kanzel gegenüber stand ein schöner großer Weihnachtsbaum, an dem sogar echte Kerzen brannten. Nach dem Gottesdienst blieben wir noch ein Weilchen in der Kirche, um den schönen Weihnachtsbaum zu betrachten, denn wir wussten ja, dass damit das Fest für uns vorüber war.

Ich hatte kein Geschenk für meine Mutter, und ich erwartete auch keins von ihr, denn seit meinem achten Geburtstag, an dem wir von Duvendiek nach Stralsund zurückgelaufen waren, wusste ich, dass es für uns lange Zeit keine Festtage mehr geben würde. Nicht einmal einen Häkelhaken oder zwei Stricknadeln, die ich mir anstelle einer Puppe, die ich viel lieber gehabt hätte, von meinem Vater zu meinem achten Geburtstag gewünscht hatte, erhielt ich, weil er aus Finnland nichts, aber auch gar nichts mehr schicken durfte.

Wir gingen also zurück in die Merkelstraße, und als wir uns im Wohnungsflur befanden, leuchtete uns von der halb geöffneten Zimmertür her ein schwacher Lichtschein entgegen. Staunend traten wir näher. Und was sahen wir? Auf unserem Tischchen stand ein großer Blumentopf mit einem Nadelbäumchen, auf dem sogar drei Kerzen brannten. Und darunter sahen wir einen Teller mit zwei Scheiben Honigbrot, und daneben lag für mich eine alte Federtasche voller Tintenkleckse. Aber ich besaß nun eine, in der ich meine Bleistiftstummel verwahren konnte. Irgendjemand musste Adeles hartes Herz gerührt haben. Vielleicht war sie ja auch in der Kirche gewesen und hatte die Predigt des Pastors gehört. Und dann schenkte mir meine Mutter noch eine sehr hübsche rosa-weiß melierte Strickjacke. Ich war selig. Morgens um fünf Uhr, wenn ich noch schlief, gab es wieder Strom, der jeden Abend um zweiundzwanzig Uhr abgestellt wurde. In der Zeit zwischen fünf und sieben Uhr morgens hatte meine Mutter diese Jacke im Patentmuster – natürlich alles aus dem Gedächtnis – aus zehn bis fünfzehn Zentimeter langen, dreifach genommenen Fäden, die sie aneinanderknoten musste, gestrickt. Diese Fäden stammten von zwei völlig verfilzten Kinderpullovern, die ihr jemand geschenkt hatte. Beim Aufribbeln der maschinengestrickten Teile musste sie sehr aufpassen, damit diese ohnehin so kurzen Fäden nicht rissen. Eigentlich hätten solche Sachen in den Lumpensack gehört, aber wir mussten ja für alles dankbar sein, auch für

Abfälle jeglicher Art. Dennoch kann ich mich an kein anderes Weihnachten erinnern, an dem ich über unerwartete Geschenke so glücklich war wie damals.

Der Winter hatte schon sehr früh mit viel Schnee Einzug gehalten. Auf dem morgendlichen Weg zum Kindergarten bildeten sich alle paar Meter dicke Schneeklumpen unter meinen Holzkurkeln, die ich, an irgendeinen Zaun oder Pfahl gelehnt, abklopfen musste. Im Januar 1946 legten wir diesen Weg auch sonntags zurück, da meine Mutter für etwa zwei Stunden eine zusätzliche Arbeit übernommen hatte. Als Gegenleistung durften wir uns ein kleines Frühstück machen, sodass wir dadurch ein paar Brotmarken sparten.

Irgendwann einmal hatte mir meine Mutter erzählt, dass es im Dölitzer Kinderheim, in dem sie einmal ein Praktikum absolviert hatte, sonntags Weißbrot, mit Butter bestrichen, und dazu warmen Kakao für jedes Kind gegeben hatte. Davon musste sie nun jeden Sonntag erzählen, wenn wir morgens in den Saßnitzer Kindergarten gingen. Unser Frühstück bestand ja nur aus etwas Schwarzbrot mit Marmelade und Malzkaffee, und es war nicht zu erwarten, dass sich das jemals ändern würde. Ich weiß auch nicht, warum ich immer wieder davon hören wollte; es war ein so schöner Traum.

Doch auch die magere Realität war schon gefährdet, denn zum 01. Februar 1946 sollte der Kindergarten wieder geschlossen werden. Und von Neuem quälte meine Mutter die Frage, wovon und womit sie uns beide ernähren sollte. Deshalb ergriff sie die einzig mögliche Chance, die sich ihr bot. Da zu jener Zeit Lehrermangel herrschte, konnten sich begabte Hausfrauen bei entsprechenden Vorkenntnissen zur Volksschullehrerin ausbilden lassen, wenn sie das dreißigste Lebensjahr noch nicht überschritten hatten. Für die Aufnahmeprüfung musste meine Mutter Anfang Januar für zwei Tage nach Bergen, in die Inselhauptstadt, fahren. Ich blieb allein in Saßnitz zurück, ohne dass Adele M. auch nur ein einziges Mal nach mir geschaut, geschweige denn sich um mich gekümmert hätte; ich war mit meinen acht Jahren wieder ganz allein. Als meine Mutter am dritten Tag nach Saßnitz zurückkam, war ich heilfroh.

Sie hatte die Prüfung gut bestanden, ohne dass sie wie die meisten anderen Bewerberinnen Zeit und vor allem die Möglichkeit gehabt hätte, einen Duden zu benutzen, in Büchern etwas nachzulesen oder sich anderweitig darauf vorzubereiten. Sie hatte sich nur auf ihr Schulwissen und auf ihr gutes Gedächtnis verlassen können. Und es bestätigte sich wieder einmal das, was sie mir schon unterwegs auf der Flucht vor den Russen gesagt hatte: »Du siehst ja, man kann alles im Leben verlieren, nur nicht das, was man einmal gelernt und im Kopf behalten hat.« Und sie hatte dabei das Beispiel eines sehr reich gewordenen Bäckers aus der Pyritzer Umgebung angeführt, der zu seinen drei Töchtern mit stolz geschwellter Brust gesagt hatte, dass sie reich genug seien, um eine sogenannte gute Partie abzugeben, und dass sie es nicht nötig hätten, sich in der Schule anzustrengen oder gar zu quälen, da er ihnen ein sorgloses und komfortables Leben garantieren könne. Aber auch er hatte dann wie viele Flüchtlinge auf einen Schlag alles verloren.

In diese Zeit fiel auch eine andere Begebenheit. Irgendjemand hatte einen Wilhelm-Busch-Band mit in den Kindergarten gebracht. Auch Bücher waren damals für Flüchtlinge eine Kostbarkeit. Und natürlich stürzte ich mich sofort auf diese Lektüre. Beim Lesen stieß ich auf die Stelle, wo eine französische Gouvernante ihren Zöglingen zurief: »Mon Dieu! Un homme! Fermez les yeux!«, als sie einen entblößten Mann beim Baden im See überraschte. Überrascht war auch ich, aber nicht über den Mann, sondern über die Schreibweise, denn eine solche Buchstabenfolge hatte ich noch nie gesehen. Meine Mutter erklärte mir dann, dass dieser Text französisch sei, und las ihn mir in der richtigen Aussprache vor. Sogleich lernte ich diese Zeilen auswendig, und von diesem Augenblick an war mein Interesse für andere Sprachen geweckt worden. Jedenfalls bat ich meine Mutter des Öfteren, mir kurze Sätze oder Fragen auf Französisch oder Englisch zu übersetzen, die ich dann auswendig lernte. Aber nicht nur die Aussprache, sondern auch das Schriftbild prägte ich mir ein.

Nach der Aufnahmeprüfung hätte meine Mutter gleich am 01. Februar mit der achtmonatigen Lehrerausbildung in Putbus beginnen können. Aber nun stellte sich wieder das Problem, für mich eine Unterbringungsmöglichkeit zu finden, denn im Lehrerseminar gab es keinen Platz für Familienangehörige. Auch ein Pendelverkehr zwischen Putbus und Saßnitz wäre damals nicht denkbar gewesen. Es verkehrten ja nur Güterzüge in unregelmäßigen Abständen, und zudem lag Putbus an einer Nebenstrecke. Hinzu kam für meine Mutter noch der Zeitdruck: Da sie zum Zeitpunkt des Semesterbeginns bereits einunddreißig Jahre alt war und sie die Aufnahmegrenze schon um eineinhalb Jahre überschritten hatte, konnte sie den Beginn der Ausbildung nicht über Gebühr in die Länge ziehen. Deshalb hatte ihr der Rektor der

Saßnitzer Volksschule angeboten, bei ihm die Zeit als sogenannte Schulhelferin zu überbrücken, bis sie für mich eine Bleibe gefunden und sie mit der Lehrerausbildung in Putbus hätte beginnen können.

Etwa zur selben Zeit, es war Ende Januar, erlebte ich etwas für mich sehr Schmerzliches. Ein siebzehnjähriges Küchenmädchen aus dem Kindergarten zeigte sich uns Kindern stolz in ihrem hübschen hellblauen, mit Tinte eingefärbten Fallschirmseidenkleid, mit dem sie nun nach Feierabend zum Tanzen in eine nicht weit entfernte Gasstätte gehen wollte. Neugierig liefen ihr ein paar Kinder nach, darunter auch ich, um sie beim Tanzen zu beobachten. Natürlich wurden wir an der Tür abgewiesen, und durch die Fenster konnten wir auch nichts sehen. Wir gingen also die unbeleuchteten Straßen bis zum Kindergarten zurück, wo meine Mutter schon seit einer halben Stunde auf mich gewartet hatte. Sofort kassierte ich eine saftige Ohrfeige, weil ich sie weder um Erlaubnis gefragt noch Bescheid gesagt hatte. Dabei war es das erste Mal seit Ditis Krankheit und Tod, dass ich mich so unbeschwert und ausgelassen benahm, wie ein Kind meines Alters sich verhalten sollte. Warum sagte sie mir nicht, dass sie Angst um mich gehabt hatte? So verstand ich diese harte Strafe nicht und zog mich traurig und verstört in meine stumme Welt zurück.

An einem Sonntagnachmittag Anfang oder Mitte Januar 1946 gingen wir Frau Jager, die Leiterin des Kindergartens, besuchen. Ob sie eine fachliche Ausbildung oder Kompetenz besaß, weiß ich nicht. Sie arbeitete auch nicht dort, aber als Mitglied der Kommunistischen Partei war sie natürlich privilegiert und entschied über Einstellungen und Entlassungen. Als Fischerfrau mit höheren Ambitionen fühlte sie sich durch den Besuch einer Arztfrau, wenn auch in »Lumpen«, geehrt. Im Gegensatz zu Adele M. besaß Frau Jager aber eine feinere Art und menschliches Mitempfinden, was jener fast völlig fehlte. Doch zu ihrer Ehrenrettung muss ich sagen, dass Adele meiner Mutter und mir, als sie und ihr Mann in der zweiten Winterhälfte silberne Hochzeit feierten, einen Teller mit Bratkartoffeln und ein kleines Stückchen Aal in Gelee auf unser Zimmer brachte; jedoch so, dass all ihre Gäste von ihrer »Mildtätigkeit« als Rote-Kreuz-Dame erfuhren, was wiederum typisch für sie war. Als Dankeschön wusch meine Mutter das gesamte schmutzige Geschirr ab.

Jedenfalls gab uns Frau Jager beim Abschied ein paar grüne Heringe mit, die damals für zwei Mittagsportionen reichten, und dazu ein kleines bisschen ausgelassene Dorschleber. Es war der erste fetthaltige Brotaufstrich seit über einem Jahr und unsere Freude darüber riesengroß.

Ein oder zwei Tage später erhielten wir ein Telegramm von meinem Vater und erfuhren so, dass er noch am Leben war. Auf dem Rückzug aus Finnland war er in Schleswig-Holstein in englische Kriegsgefangenschaft geraten und somit bis zu seiner Entlassung Mitte März 1946 der britischen Besatzung unterstellt. So wurden die grünen Heringe von Frau Jager für uns zu einem Festmahl.

Meine Mutter schrieb ihm daraufhin sofort einen langen Brief, mit Datum vom 17. Januar 1946, in dem sie meinem Vater von unserer erzwungenen Rückkehr nach Pyritz und der späteren Vertreibung berichtete:

Mein lieber Karl! Heute, nach so langer Zeit, kam endlich die erste Nachricht von Dir persönlich, nachdem gestern drei Karten von Deinen Norwegenkameraden mit Grüßen von

Dir ankamen. Ja, Papilein, dies letzte Jahr hat mir Furchtbares auferlegt. Aber jetzt, da ich endlich weiß, dass Du noch am Leben bist, hat all dies Durchhalten doch einen Sinn gehabt. – Du weißt ja, dass uns unser Ditile hat sterben müssen, aber jetzt, nachdem ich all dies Schlimme erleben musste, bin ich nur froh, dass er schon damals seine Augen geschlossen hat und mir nicht später doch auf der Landstraße verhungert ist. – Und nun kurz, wie wir die verflossene Zeit überstanden haben! Nachdem die Russen Stralsund besetzt hatten, bekamen wir Flüchtlinge dort die Aufforderung, in unsere Heimat zurückzukehren. Ich sträubte mich anfangs wie auch Annmareichen ganz energisch dagegen. Aber als wir keine Lebensmittelkarten mehr bekommen sollten, weil Stralsund die Flüchtlinge nicht ernähren konnte, ging es los. Dreiundfünfzig Menschen in einem Viehwagen, vierzehn Tage lang bis Stargard ohne jede Verpflegung, und dann nachts rabotti. Schienenstränge aufschrauben und verladen! Von Stargard bis Pyritz zu Fuß. Hier wurde ich schon einen Koffer los. Drei Wochen in Pyritz (Schmutzarbeiten bei den Polen, zwei Scheiben Brot pro Tag) und alte Kartoffeln, die wir uns in den Kellern auflasen. Pyritz selbst ein Bild des Grauens. Die Stadt nur ein einziger Trümmerhaufen. Von der Innenstadt nichts mehr, das Stettiner Tor ein Schutthaufen quer über die Straße. Wir lebten diese drei Wochen in Oleines Haus, das noch einigermaßen, allerdings ohne Türen und Fenster mit kaputtem Dach stand.

Unser Keller war noch da. Aber bis auf Briketts und Kartoffeln alles daraus gestohlen. Nach drei Wochen (als wir ungefähr 1000 Menschen waren) jagten uns die Polen zu Fuß über die Oder – ohne jede Verpflegung – zurück, mit Gummiknüppeln und bewaffnet. Mir nahmen sie meine letzte Habe. Sogar Pelzmantel, Kostüm, Hosen, Stiefel, die ich anhatte! Ich laufe jetzt in geschenkten »Lumpen« umher!

Es ist nicht jeder so ausgiebig ausgeplündert worden, ich hatte damit besonders Pech, da man mir restlos alles nahm. Sogar Ditis kleine Sachen.

Bis nach Angermünde liefen wir zu Fuß, dort kam Opa ins Krankenhaus, da er mit den Füßen nicht mehr weiterkonnte. Onkel Otto (Haacks waren damals aus dem Kreis Pyritz nicht mehr herausgekommen) hat sich auf diesem Schmerzensgang zwischen Schwedt und Angermünde erhängt. Tante Lenchen ist noch bis Berlin gekommen, dort gestorben. – Opa, Oma, Mieke und Annmareichen blieben in Angermünde, und ich selbst schlug mich weiter bis Berlin durch, in der Hoffnung, bei Lily Krüger oder Tante Grete für uns ein Unterkommen zu finden. Lily Krüger war aus Berlin geflüchtet, Offenmüllers noch am Leben, aber auch vollkommen ausgeplündert in ihrer alten Wohnung. Hier bekam ich das erste Brot bei ihnen zu essen. Aber auch Berlin nahm keine Flüchtlinge auf, und ich bekam dort keine Lebensmittelkarten. Zurück bis Angermünde, dort hatte mich Annmareichen sehnlichst erwartet. Oma und Mieke hatten sie miserabel behandelt. Wenn sich nicht eine Frau ihrer angenommen hätte, sie hat sich dort als Kindermädchen ihr Mittagbrot verdient! Karl, was hat dieses Kind alles durchgehalten und durchgestanden! – Gehungert, gelaufen, in steter Angst um die Mutti wegen der Russen unterwegs. (Aber meine Geistesgegenwart hat mich gottlob immer vor ihnen bewahrt. Und auch dies war es, was mir den Lebensmut nicht völlig nahm, nämlich von dieser Bande verschont worden zu sein.) – Opa wurde aus dem Krankenhaus entlassen; und dann sind sie alle drei, ohne uns zu verständigen, losgefahren nach Zarrentin zu Paulchen.

(Nun, da ich ihnen keine Möglichkeit in Berlin verschaffen konnte, ließen sie mich mit Annmarei ruhig sitzen.) Mein Gott, was war aus Opa geworden, seit er hungerte! Der Hunger scheint die Menschen ganz zu verändern. Annmarei kann ein Lied davon singen. Aber Opa ist nicht mehr bis Zarrentin gekommen. Er ist Ende Oktober in Greifswald, wo übrigens viele Pyritzer sind, in der Klinik gestorben. Mutti und Mieke sind in Zarrentin.

So machte ich mich nun als letzte Möglichkeit auf nach Saßnitz. Werner Borth ist bis heute noch nicht von drüben, wie viele andere auch nicht, hierher zurückgekommen. Seine Frau, Saßnitzerin, versah mich erst mal mit dem Allernotwendigsten. Hier bekamen wir endlich nach zwei Monaten Wanderlebens Lebensmittelkarten. Frau Borth besorgte mir auch die Stelle einer »Kindergärtnerin« im Saßnitzer Kindergarten, wo wir beide in voller Verpflegung seit dem 08. August sind. Allerdings Arbeit von morgens acht bis abends sieben Uhr und nicht immer leicht, sich neben ausgebildeten Kräften zu behaupten. Annmareichen, zum Skelett abgemagert, hat sich dort recht gut erholt, auch mir geht es ganz gut. – Leider wird am 01. Februar der Kindergarten geschlossen, und dann geht wieder die Sorge um das tägliche Brot los. Die Lebensmöglichkeiten sind hier auf der Insel, abgeschnitten vom Festland, recht schlecht; die Verpflegung jämmerlich für den Nichteinheimischen. Kartoffeln und Brot und das auch recht knapp. Alles Übrige nur auf dem Tauschwege. Annmareichen fühlt sich sehr unglücklich hier. Obwohl sie die Beste in der Klasse ist, hat sie nicht einmal Lust, zur Schule zu gehen. Im Übrigen sind wir ja hier in Russland! Und Du kannst Dir denken, was das bedeutet: keinerlei Unterstützung für die Frauen, kein Geld von der

Bank, keine Möglichkeit, irgendwie ein paar Kleidungsstücke zu erwerben usw. Man spricht ja von einer eventuellen englischen Besatzung, aber, aber – Jedenfalls trachtet hier alles, nach drüben zu kommen. Und ich möchte Dir auch den Rat geben, wenn Du dort drüben eine Existenz als Zahnarzt (vielleicht in einer Klinik) bekommen kannst, tue es und bleibe dort. Wir kommen dann leicht rüber.

Die Landstraße ist uns nichts Fremdes mehr. Vor allem auch, wenn Du die Absicht hast, hierherzukommen, geh zuerst nur bis Zarrentin (Mutti, Mieke, Paulchen). In Mecklenburg sind die Lebensbedingungen auch noch besser. Aber zuerst besorge Dir noch drüben Bezugscheine für Kleidung, hier auf der Insel gibt es nichts. Hast Du Dein Postsparbuch noch? Versuche dort drüben, etwas darauf zu bekommen, hier ist es aussichtslos.

Ich habe noch 2.400,00 Mark. Annmarei hatte sie in meinem Brustbeutel um den Hals und somit gerettet. Ich selbst habe versucht, mit dem auszukommen, was ich für uns erarbeiten konnte. Es soll das Anfangskapital für unsere neue Existenz sein.

Heute hörte ich, dass der Dentist in Sagard (zwischen Bergen und Saßnitz) verstorben ist. Es soll eine sehr gute Praxis sein. Wenn Du anderweitig nicht unterkommen kannst, müsste man dies versuchen. Hier in Saßnitz sind drei Zahnärzte und ein Dentist (überbesetzt). Poche vor allem immer auf Deine Nichtparteizugehörigkeit. Lass es Dir irgendwie schriftlich ausstellen. Versuche, deswegen nach Berlin an den Verband zu schreiben. Ich selbst werde versuchen, morgen für eine halbe Stunde wegzukommen, um bei einem Zahnarzt hier zu erfahren, wo die KZVO Stettin geblieben ist, damit ich Dir die Adresse zwecks Partei mitteilen kann.

Und nun, Papilein, will ich für heute schließen. Es ist schon sehr spät, und die Kinderarbeit täglich nimmt mich auch sehr mit. Aber am 01. Februar hat dies auch erst ein Ende. Vielleicht bist Du dann auch schon wieder in der Lage, für uns weiter zu sorgen. Ich möchte wirklich gerne mal wieder nicht mehr nur alleine auf mich und meine Zähigkeit angewiesen sein. Ich schreibe diesen Brief noch einmal ab, für den Fall, dass Dich dieser nicht erreichen sollte.

Ich habe mich vor einiger Zeit für einen Ausweis fotografieren lassen. Dies Bild füge ich bei.

Innige Grüße von uns beiden

Deine Hite

PS: Annmareichen schläft ganz fest. Sie wird Dir dann nächstens auch einen Brief schreiben. Ich freue mich so auf das Wiedersehen! Irgendwie wird schon alles wieder werden. Und wenn es geht, bleib drüben.

Mein Vater trug sich auch mit dem Gedanken, zu uns nach Saßnitz oder an einen anderen Ort auf Rügen zu kommen. Später, als wir schon im »Westen« waren, konnte ich seinen Wunsch nachvollziehen. Da aber Saßnitz mit drei Zahnärzten überbesetzt war und auch eine leer stehende Praxis in Garz nicht zu mieten war, riet meine Mutter ihm dringend, in Schleswig-Holstein zu bleiben. Den gleichen Rat hatten ihr auch Bekannte, ehemalige Pyritzer, gegeben, die sie hier auf Rügen kennengelernt hatte und die ihrerseits Saßnitz verlassen wollten und nach »drüben« strebten.

Wer das Risiko, »schwarz« über die Grenze zu gehen, nicht auf sich nehmen wollte, brauchte eine sogenannte Zuzugsgenehmigung von Verwandten, die im Westen lebten und die sich ihrerseits verpflichten mussten, für Unterkunft und

Unterhalt zu sorgen. Da mein Vater in Cismar ja noch keine Existenz nachweisen konnte, war es für ihn schwierig, von der Gemeinde eine Zuzugsgenehmigung zu erhalten. Die Sache zog sich also in die Länge. Erst als der Zahnarzt Dr. Baßmann in Oldenburg meinen Vater pro forma als Zahntechniker einstellte, erhielt er die Zuzugsgenehmigung für uns.

Derweil schickte er uns zwei- oder dreimal ein kleines Päckchen, worin sich für mich einmal ein schmaler Riegel Schokolade von circa fünfzehn Gramm und ein anderes Mal ein paar Leibniz-Kekse befanden, worüber ich mich riesig freute; denn es waren die ersten Süßigkeiten seit über einem Jahr. Allerdings glaubte ich nun, dass man diese Köstlichkeiten im »goldenen Westen« kaufen könnte. Erst in Cismar erfuhr ich, dass sie Teil seiner eisernen Ration waren, die er im Rucksack aus Finnland mitgebracht und sich vom Munde abgespart hatte. Irgendwann im Februar waren meine Mutter und ich bei Hoffmanns zum Abendessen eingeladen. Es gab gebratene grüne Heringe und Kartoffeln, für uns damals ein Festessen. Das Ehepaar Hoffmann stammte aus Pyritz und hatte rechtzeitig nach Rügen zu seiner Tochter fliehen können, die dort als junge Lehrerin in Saßnitz in einer Zweizimmerwohnung lebte. Fräulein Hoffmann, etwa siebenundzwanzig Jahre alt, war eine kleine Schönheit: Sie besaß eine zierliche gute Figur, ein feines Gesicht mit großen, blauen Augen und dichtes, schwarzes Haar. An ihren Vater jedoch denke ich besonders gern zurück, und zwar an sein gütiges Lächeln, mit dem er mich betrachtete. Dabei war ich gewiss kein Kind, bei dem man ausgerufen hätte: »Ist die niedlich! Ist die drollig! Nein, was für ein süßes Kind!« Ich glaube, er begriff vielleicht als Einziger, dass dieses stumme Mädchen in dem abgetragenen Winterkleid, das nicht lächeln konnte, seine geschundene und belastete Kinderseele hinter einer unbeweglichen Maske verbarg.

Ein anderes Ereignis aus dieser Zeit ist mir auch lebhaft in Erinnerung geblieben. Kurz nach Schließung des Kindergartens bekamen wir Besuch – ich weiß nicht mehr, von wem. Meine Mutter stellte zwei Tassen auf den Tisch und servierte unserem Gast darin einen Malzkaffee. Ganz spontan rief ich aus: »Die sind ja aus dem Kindergarten!« »Unsinn! Das stimmt nicht!«, entgegnete meine Mutter. »Doch, das sind sie«, bekräftigte ich. Natürlich hatte ich meine Mutter in eine peinliche Situation gebracht, aber ich glaubte wirklich, sie habe vergessen, diese beiden Tassen zurückzugeben. Übrigens waren diese Exemplare von wirklich einmaliger Scheußlichkeit, was die Form wie auch das Dekor betraf. Als unser Gast gegangen war, zischte meine Mutter mich an: »Du bist aber auch zum Leben und zum Sterben zu dämlich!« Weiter erklärte sie mir nichts. Kein Wort davon, dass in Notzeiten andere Gesetze gelten. Sicher gab es Kinder, die einen flexibleren Umgang mit der Wahrheit kannten oder ihn sich angeeignet hatten, aber mir hatte man von klein auf mit harten Prügelstrafen, besonders durch meinen Vater, eingebläut, die Wahrheit zu sagen. Auch im Kindergottesdienst in Pyritz hatte Pastor Trapp gesagt, dass Lüge eine schwere Sünde sei, weswegen ich fortan nicht mehr mit anderen Kindern Versteck spielte, um nicht die Unwahrheit sagen zu müssen. Und jetzt log sogar eine Erwachsene, nämlich meine Mutter, und nicht sie, sondern ich wurde dafür gescholten. Ich verstand die Welt nicht mehr, sondern begriff nur, dass ich offenbar alles falsch machte.

V. Aufbruch in den »goldenen Westen«

Dann, in der zweiten Märzhälfte, sollte es endlich in den »goldenen Westen« gehen. Am Abend vor unserer Abreise waren meine Mutter und ich bei Ottes eingeladen, einem Ehepaar mit vier Töchtern aus dem Kreis Pyritz, das rechtzeitig nach Rügen hatte fliehen können. Frau Otte arbeitete hier als Hebamme und ließ sich in Naturalien bezahlen. Zum Abendessen gab es Brot und Schinken, so viel wir mochten. Ich glaubte mich verhört zu haben, als ich nach der ersten Schnitte Schinkenbrot gefragt wurde, ob ich noch mehr essen wolle, denn seit über einem Jahr wurde uns das Essen, wenn es überhaupt etwas gab, immer zugeteilt.

Am darauffolgenden Morgen fuhren wir zusammen mit Ottes und Frau Borchert, einer jungen Saßnitzerin, die von Zeit zu Zeit schwarz über die Grenze ging, um ihren im Westen entlassenen Mann zu besuchen, mit dem Zug von der Insel. Da meine Mutter sich bei unserer Ankunft auf Rügen hatte verpflichten müssen, hierzubleiben, bestand für uns die Gefahr, trotz Zuzugsgenehmigung am Rügendamm von den Russen wieder zurückgeschickt zu werden. Sie hatte sich deshalb von meinem Vater ein Telegramm schicken lassen, in dem stand, dass er sie dringend in Wismar erwarte. Da Wismar in der russisch besetzten Zone lag, konnte ihr ein Besuch dorthin aller Wahrscheinlichkeit nach nicht verwehrt werden. Doch zum Glück verlief alles reibungslos, und wir konnten den Rügendamm mit einem Pferdefuhrwerk überqueren, das Herr Otte besorgt hatte; denn Züge fuhren wegen der zerstörten Schienenstränge noch nicht bis Stralsund.

Erleichtert radierte meine Mutter das »W« im Telegramm aus und schrieb an dessen Stelle ein »C«, sodass daraus wieder Cismar wurde, wie es ja eigentlich auch heißen sollte.

In Stralsund stiegen wir in einen anderen Zug, in dem wir dicht gedrängt bis Wittenberge fuhren. Dort war dann Endstation, und wir kamen nicht mehr weiter. Keiner konnte etwas Genaues in Erfahrung bringen; wir fühlten uns wieder in die erste Zeit in Saßnitz zurückversetzt, wo wir die Willkür der Russen ständig zu spüren bekamen. Nachdem wir wie viele andere die Nacht auf dem Bahnsteig verbracht hatten, beschloss meine Mutter am nächsten Tag, mit mir nach Oebisfelde zu fahren, um dort die Grenze zu passieren. Seltsamerweise wusste ich schon im Voraus, dass es nicht gelingen würde. Als wir den Zug bestiegen, wunderten wir uns bereits über die wenigen Leute; und in Oebisfelde angekommen, waren wir die Einzigen, die dort ausstiegen. Es war fast gespenstisch. Nirgendwo ließ sich jemand blicken. Der Grenzübergang war offenbar schon vor geraumer Zeit geschlossen worden.

Jedenfalls waren wir froh, als uns etwa zwei Stunden später ein Zug nach Wittenberge zurückbrachte, wo wir bei Einbruch der Dunkelheit eintrafen. Es folgte die zweite Nacht auf dem Bahnsteig. Natürlich froren wir während der Nachtstunden, es war ja schließlich noch März, aber durch die Menschenmenge, die sich wie eine Herde Schafe dicht zusammendrängte, war die Kälte erträglicher. Tags darauf unternahm meine Mutter noch einen Versuch. Sie fuhr mit mir nach Sangerhausen, aber auch dort hatten wir kein Glück, was mich nicht überraschte. Bevor wir wieder nach Wittenberge zurückfuhren, gab sie Ditis Sportkarre als Expressgut auf; denn in den überfüllten Zügen wurden wir oft mit bösen Blicken gefragt, warum wir damit zusätzliche Stehplätze versperrten. Nach einer weiteren Übernachtung auf dem Bahnsteig in Wittenberge ging es dann endlich weiter.

In Heiligenstadt endete der Zug; von dort wurden wir auf einem offenen Lastwagen zum Grenzübergang in das Durchgangslager Friedland gebracht. Da standen wir dann in einer langen Schlange vor einer Baracke, bis wir nach und nach abgefertigt wurden. In barschem Ton wurden von uns die Zuzugsgenehmigung und andere Papiere verlangt. Dann wurden wir am Kragen gepackt, und uns wurde mit einer Art Staubsaugerrohr weißes Pulver über den Nacken auf den Rücken geblasen. Dieselbe Prozedur wiederholte sich an beiden Ärmelenden und an beiden Hosenbeinen. Wir sahen aus, als wären wir in einen Mehlsack gefallen. Auch das Kopfhaar wurde nicht ausgespart. Diese Entlausungsaktion betraf jeden, egal, ob er Läuse hatte oder nicht. Irgendwie hatte diese Maßnahme etwas Entwürdigendes; denn wir wurden wortlos gepackt, wie wenn man Schafen, die geschoren werden sollen, die Beine festhält. Aber niemand erhob Widerspruch gegen diese Behandlung; keiner wollte sich durch ein falsches Wort, so kurz vor dem Ziel, dem Risiko aussetzen, vielleicht zurückgeschickt zu werden. Zu tief saß die Angst vor dem plötzlichen Sinneswandel eines Machtbefugten. Denn die Willkürherrschaft der Russen hatte bereits ihre Spuren hinterlassen. –

Nachdem alle Formalitäten erledigt waren und meine Mutter meinem Vater telegrafiert hatte, dass wir am darauffolgenden Abend in Lensahn – der letzten Bahnstation vor Cismar – eintreffen würden, brachte man uns zu einer Wellblechbaracke. Darin lagen auf dem schmutzigen Sandboden dicht an dicht lange, kahle Holzleitern ohne Decke oder Kopfkissen, die als Bettgestell und Gepäckablage dienten. Jedem »Grenzgänger« war eine Leiter zugeteilt worden. Während meine Mutter unsere Habseligkeiten verstaute, erkundete ich das Lagergelände, an dessen Ende ich zu meiner Freude hinter dem Zaun am Waldrand drei blaue Leberblümchen entdeckte, die ersten Blumen in diesem Frühjahr.

Abends legten wir uns schon früh schlafen, denn die vier Frostnächte auf dem kalten Bahnsteig in Wittenberge und die ständige Anspannung und Unsicherheit hatten an unseren Kräften gezehrt. Trotz der harten Leitersprossen und fehlender Decken schliefen wir fest und tief. Doch der erste Morgen im »goldenen Westen« bescherte uns eine böse Überraschung. Verwundert und erschrocken zugleich, griff sich meine Mutter an den Hals, dann suchte sie neben und unter der Leiter, aber ihr Brustbeutel mit dem gesamten Geld blieb verschwunden. Irgendjemand hatte die Bänder, während wir schliefen, durchgeschnitten und ihr den Beutel gestohlen. Da sie keine Handtasche oder Geldbörse mehr hatte – »dank« der großen Klau-Aktion der Polen –, besaß sie nun keinen Pfennig mehr. Nur diesmal waren es die eigenen Landsleute, die sie bestohlen hatten. Vor den Russen, aber vor allem vor den Polen hatte sie diese Notgroschen erfolgreich verborgen, indem sie mir den Brustbeutel umgehängt hatte. Und jetzt – Ironie des Schicksals –, als sie sich und den Rest unserer armseligen Habe endlich in Sicherheit glaubte, war das Unfassbare geschehen.

Bedrückt und traurig machten wir uns auf den Weg zum Bahnhof, wo wir alsbald einen überfüllten Personenzug bestiegen. In einem Abteil fand meine Mutter noch einen schmalen Sitzplatz, den ich auf ihr Geheiß einnahm. Sie blieb im Gang beim Kinderwagen stehen, wohl auch aus Angst, noch einmal bestohlen zu werden. Alsbald betrat eine ältere Dame das Abteil, mit den Worten: »Die Kleine kann ja wohl aufstehen.« Daran gewöhnt, den Befehlen Erwachsener zu folgen, wollte ich mich gerade erheben, als meine Mutter sagte: »Annmareichen, du bleibst sitzen«, und mit Blick auf die erstaunte Dame, »mir ist schon ein Kind auf der Flucht gestorben, ich will das letzte nicht auch noch verlieren.«

Auf dem Gang wurde meine Mutter indes wegen des Kinderwagens mit bösen Blicken bedacht, weil sie dadurch teilweise den Weg versperrte und anderen Reisenden zwei Stehplätze wegnahm. Als sich schließlich ein Mann empörte: »Da ist ja gar kein Kind drin!«, antwortete sie, und ich sah, wie ihre Nasenflügel weiß wurden und sie mühsam die Tränen unterdrückte: »Mir wäre es auch lieber, mein Kind läge noch darin.«

Und dann kam der Schaffner, und sie musste ihm erklären, dass sie keine Fahrkarte gelöst hatte, weil sie wegen des nächtlichen Diebstahls keinen Pfennig mehr besaß. Es war eine fatale Situation, denn er glaubte ihr nicht recht und berief sich zudem auf seine Dienstanweisung. Zum Glück kam uns eine Frau aus dem Abteil zu Hilfe und schenkte meiner Mutter das Geld für die Fahrkarte.

Ab Göttingen leerte sich der Zug, sodass auch meine Mutter im Abteil einen Sitzplatz fand. Neben uns saß eine Frau mit einem Säugling, den sie im Arm hielt und stillte. Ebenso wie wir war sie auf dem Wege zu ihrem Mann, der in Westdeutschland aus der Kriegsgefangenschaft entlassen worden war. Natürlich freute sie sich auf das Wiedersehen, aber zugleich empfand sie große Angst vor dieser Begegnung; denn sie hatte ihrem Mann bislang verschwiegen, dass sie ein »Mongolenkind« geboren hatte. War es damals schon eine Katastrophe, nach einer Vergewaltigung von einem Russen ein Kind zu bekommen, so wog es noch viel schwerer, von einem Mongolen geschwängert worden zu sein; denn in der russischen Armee waren die Mongolen sozusagen die Sklaven und Fußabtreter der Russen. Ihr Schicksal machte uns sehr betroffen, und ich habe noch oft an diese Frau denken müssen, denn auch meine Mutter war zweimal nur um Haaresbreite einer Vergewaltigung durch die Russen entgangen.

Inzwischen waren noch zwei Frauen eingestiegen, die den Zug jedoch bald wieder verließen. Sie unterhielten sich über Bekannte oder Verwandte, die in Schleswig-Holstein lebten und dort angeblich jeden Sonntag Torte mit Schlagsahne aßen. In meinen Ohren und in meinem Gedächtnis blieben nur die Worte haften: »Sie essen jeden Sonntag Torte mit Schlagsahne.« Schlagsahne hatte es für uns sogar in Pyritz während der letzten vier Kriegsjahre nicht mehr gegeben; mit einer Ausnahme, als nämlich Onkel Heinz im Juni 1942 seine Hochzeit im Hotel »Sikora« feierte. Was musste der »goldene Westen«, und insbesondere Schleswig-Holstein, für ein herrliches Land sein, wenn die Menschen sonntags Torte mit Schlagsahne aßen! Jedenfalls begann ich, mich jetzt auf Cismar zu freuen, obwohl dieser Tag für uns so traurig begonnen hatte.

In Hannover hatten wir eine halbe Stunde oder sogar länger Aufenthalt. Seltsamerweise kann ich mich überhaupt nicht daran erinnern, dass wir auf dieser langen Fahrt umgestiegen sind. Vielleicht wurden ja auch einzelne Waggons auf den Bahnhöfen abgekoppelt und an andere Züge wieder angehängt. In Hannover verließ meine Mutter den Zug, weil auf dem Bahnsteig irgendetwas verkauft wurde. Als sie ins Abteil zurückkehrte, hielt sie ein Kochbuch – vielmehr war es ein dünnes Heftchen aus schlechtem Papier – mit dem Titel: »Meine täglichen Sorgen: Was koche ich morgen?« in den Händen. Ein Stoßseufzer, der vielleicht auch heute noch mancher Hausfrau entfährt, allerdings mit einem gravierenden Unterschied: Sind heutzutage das Überangebot und die Vielfalt an Nahrungsmitteln der Grund, so war es damals der schreckliche Mangel an essbaren Zutaten. Als ich in diesem Heft blätterte, fiel mir ein Rezept für eine Möhrentorte auf. In Ermangelung von Sahne, Puddingcreme oder Obst wurden gekochte und durch den Fleischwolf gedrehte Mohrrüben empfohlen. Gemüse auf einem Tortenboden war für meine damalige Vorstellung etwas ganz Außergewöhnliches und Anomales.

Inzwischen war es bereits Nachmittag, und der Zug hatte sich zusehends geleert, sodass wir die letzten beiden Stunden allein im Abteil blieben. Dann, kurz vor halb sieben, erreichten wir Lensahn, die Endstation des Zuges. Wir stiegen aus und befanden uns als Einzige auf dem menschenleeren Bahnsteig. Natürlich hielten wir Ausschau nach meinem Vater, aber weit und breit war keine Menschenseele zu erblicken. Wir waren enttäuscht und beunruhigt zugleich; denn wenn eine Eigenschaft meinen Vater auszeichnete, so war es seine absolute Zuverlässigkeit. Er brach selbst dann sein Versprechen nicht, wenn es durch eine plötzlich veränderte Situation fast sinnlos geworden war. Nachdem wir noch eine Weile gewartet hatten, gingen meine Mutter und ich zum Expressgutschalter, um die in Sangerhausen aufgegebene Sportkarre abzuholen, aber sie war nicht da und kam auch später nicht mehr an. Das war sehr schade, denn da sie aus solidem Material und in gutem Zustand war, hätte sie uns als Tauschobjekt für Lebensmittel dienen können. Ditis Kinderwagen, ein Kriegsmodell, mussten wir als Handwagenersatz behalten. Außerdem war er so ramponiert, dass uns wohl niemand etwas Essbares für dieses Gefährt gegeben hätte.

VI. Ankunft in Cismar

Die große Enttäuschung: wieder nur Hunger und Entbehrungen im »Gelobten Land«

Da es bereits dämmerte und mein Vater immer noch nicht aufgetaucht war, machten wir uns zu Fuß auf den acht Kilometer langen Marsch nach Cismar. Es begegnete oder überholte uns kein Fuhrwerk, auch sonst erblickten wir keine Menschenseele; wir liefen allein in die Dunkelheit. Mir war etwas unheimlich zumute, obwohl ich mich in Gegenwart meiner Mutter, auch in den gefährlichsten Situationen, ziemlich sicher gefühlt hatte. Aber welche Ängste und sorgenvollen Gedanken mögen sie geplagt haben, nachdem dieser Tag, so unheilvoll begonnen, uns nur Verluste und Enttäuschungen bereitet hatte?

Und dann, fast punktgenau auf der Hälfte der Strecke, an der Abzweigung Rüting/Gosdorf, kam uns ein seltsames Gefährt entgegen. Es war Herr von Enckefort, ein ostpreußischer Großgrundbesitzer, der mit seiner Zugmaschine und einem Anhänger nach Schleswig-Holstein hatte flüchten können. Als wir fast auf Augenhöhe waren, hörten wir eine Männerstimme sagen: »Das sind sie!« Ein Mann in einer abgetragenen grau melierten Joppe und einer viel zu großen Schiebermütze kletterte aus der Zugmaschine: Es war mein Vater. Er und meine Mutter lagen sich alsbald in den Armen; nur ich stand wie ein überflüssiges Anhängsel stumm und traurig daneben. Mich umarmte er nicht und sagte auch mit keinem Wort, dass er sich freue, mich nach so langer Zeit wiederzusehen. Zwar hatte er mich in früheren Jahren ebenso wenig in den Arm genommen und mit mir geschmust, aber jetzt, da es fast an ein kleines Wunder grenzte, dass ich überhaupt noch am Leben geblieben war, hatte ich schon eine zärtliche Geste oder ein liebes Wort erwartet. Meine Wiedersehensfreude war jedenfalls verflogen.

Als wir Cismar erreichten, war es schon fast dunkel geworden; dennoch erkannte ich auf den ersten Blick, dass Cismar kein gewöhnliches Dorf war. Ich erblickte die Silhouette des Klosters mit dem Wassergraben und der Wallanlage, in dem früher strafversetzte Benediktinermönche aus Lübeck gelebt hatten. Auch als Wallfahrtsort hatte Cismar im 13. Jahrhundert eine gewisse Bedeutung erworben; jedenfalls so lange, bis der Reliquienschwindel aufflog.

Fast in unmittelbarer Nähe des Klosters gegenüber vom »Klosterkrug« stand das sogenannte Amt Cismar, wo bis 1867 ein Amtmann und bis 1920 ein Landrat residiert hatten. Und am Ende des Straßendorfes auf derselben Seite gab es sogar eine Apotheke in einem malerischen Fachwerkhaus, das heute unter Denkmalsschutz steht. Selbst die Badeorte Grömitz, Kellenhusen und Dahme bekamen erst viele Jahre später eine Apotheke. Das rührte daher, dass Cismar ehemals der administrative und kulturelle Mittelpunkt der gesamten Halbinsel Wagrien war. Mir gefiel dieses Dorf, das überhaupt keinen dörflichen Charakter besaß und etwas Besonderes darstellte. In Pyritz, einer mittleren Kleinstadt aufgewachsen, hatten meine Mutter und ich auch während unserer Flucht, mit Ausnahme von Kublank, und nach unserer Vertreibung immer in Städten gelebt. Typische Dörfer fand ich als Kind langweilig, und der Gestank der Misthaufen war mir stets zuwider.

Schließlich waren wir an einem schäbigen Gasthaus, dem »Lindenhof«, angekommen. Über ein paar Stufen gelangten wir von außen durch eine Glastür in eine Veranda, von der wir in den ersten Tagen nur einen halben Raum bewohnen durften. Der Fußboden bestand überall nur aus dem blanken Estrich ohne ein Stück Teppich oder Läufer, der die Kälte etwas hätte mildern können, und durch die schlecht schließende Glastür zog es fortwährend. Unser Wohn- und Schlafraum war »möbliert« mit einem alten Tisch, über dem eine Glühbirne ohne Lampenschirm hing, und drei Stühlen. Dahinter standen die Bettgestelle meiner Eltern mit völlig verklumpten alten roten Inletts ohne Bezüge, links daneben, getrennt durch zwei blecherne Soldatenspinde, unsere »Schränke«, befand sich mein Bett, eine eiserne Militärpritsche mit Strohsack. Zudecken musste ich mich nachts mit meinem Mantel. An der Frontseite meines Bettes an der gegenüberliegenden Wand stand eine kleine, schmale, windschiefe Bank und auf ihr die Hälfte eines der Länge nach aufgeschnittenen Benzinkanisters: unsere Waschschüssel, allerdings mit einem Stückchen billiger Kernseife.

Natürlich gab es auch keine Toilette, sondern nur vier »Herzhäuschen« mit »Donnerbalken« hinten auf dem Hof. Da etwa zwölf Flüchtlingsfamilien im »Lindenhof« untergebracht waren, mussten sich zwei bis drei Parteien einen Abort teilen. Dabei konnten wir uns noch bevorzugt fühlen, weil wir den zweitkürzesten Weg dorthin hatten.

Diese trostlose Behausung, die viel primitiver war als die Zufallsunterkünfte während unserer Flucht und Vertreibung, sollte nun unsere Heimstatt für die nächsten sechs Jahre werden. So hatte ich mir den »goldenen Westen« nicht vorgestellt. Ich begann, mich nach Saßnitz, nach unserem kleinen, aber warmen Zimmer mit dem schönen Kachelofen zurückzusehnen. Meiner Mutter gingen wohl ähnliche Gedanken durch den Kopf, obwohl wir beide nichts sagten. Da mein Vater zwar in allen Dingen sehr genau und korrekt war, es ihm aber nie gelang, seinem Gegenüber einen plastischen Eindruck von einer Landschaft oder Situation zu vermitteln, so wird er wohl auch in den Briefen an meine Mutter nicht erwähnt haben, dass es in dieser Behausung, abgesehen von der dürftigen und miserablen Einrichtung, weder eine Heizung noch einen Herd oder eine Kochstelle gab, sondern alles nur als ziemlich karg oder als sehr »unvollkommen« bezeichnet haben, ein Lieblingsbegriff von ihm, der je nach Betrachter unterschiedliche Interpretationen zuließ.

Nun begriff ich auch, warum er ernsthaft erwogen hatte, den »goldenen Westen« zu verlassen und zu uns nach Saßnitz, in die russisch besetzte Zone, zu kommen, um sich dort wieder eine Existenz aufzubauen. Jedenfalls froren wir in diesen letzten Märztagen nicht nur wegen der Bodenfröste, sondern auch das Frühjahr hindurch erbärmlich. Wir besaßen ja keine Decken, von guter Winterkleidung oder warmen Schuhen ganz zu schweigen. Ständig litten wir durch den Zementfußboden unter kalten Füßen. Und hinzu kam wieder der Hunger. Da war es uns ja in den letzten drei Monaten in Saßnitz schon besser gegangen.

Zu allem Unglück war die Lebensmittelzuteilung kurz vor unserer Ankunft in Cismar drastisch gekürzt worden. Außerdem mussten wir den größten Teil unserer Lebensmittelmarken in der sogenannten Volksküche abgeben, einem Mittagstisch, den eine Frau Gensch betrieb; denn meine Mutter konnte in unserem Notquartier ohne Feuerstelle gar nichts kochen. Montags bis sonnabends bekamen wir in der Volksküche fast immer das Gleiche zu essen, nämlich nur einen Teller Suppe, der aus gestifteten Steckrüben und gewürfelten Kartoffeln bestand, in Wasser gekocht und mit Maggiwürze »verfeinert«. Nur dienstags gab es für jeden Stammgast einen Teller Milchsuppe, worauf ich mich schon die ganze Woche freute. Am schrecklichsten waren die Sonntage, an denen wir mit knurrendem Magen spazieren gingen. Mein Vater aß schon zum Frühstück eine halbe rohe Steckrübe, um meiner Mutter und mir ein Stückchen mehr Brot zu gönnen.

Aber davon abgesehen war er oft hart und ungerecht zu mir. Sicher, er schlug mich nicht mehr und sperrte mich auch nicht mehr bei Wasser und Brot ins dunkle Badezimmer, wie er es zwischen meinem dritten und siebenten Lebensjahr bei der geringsten Unart meinerseits ohne jede Vorwarnung getan hatte. Allerdings schlug er mir nie ins Gesicht; das besorgte dann in späteren Jahren meine Mutter, wenn sie es für angebracht hielt. Ein Erlebnis dieser Art ist mir in besonders schrecklicher Erinnerung geblieben. Es war noch in Pyritz. Im Mai war ich vier Jahre alt geworden, und im Juli desselben Jahres stand ich mit meinem Vater vor unserem Haus in der Stettiner Str. 32. Es war ein wunderschöner Sommerabend, und meine Mutter war noch nicht von einem Besuch bei einer Freundin zurückgekehrt, als ich zu meinem Vater sagte: »Ich gehe noch einmal die Stettiner Straße hinunter. In zehn Minuten bin ich wieder zurück.« Natürlich hatte ich die Worte »in zehn Minuten« nur so dahergesagt beziehungsweise nachgeplappert, weil ich sie oft genug von Erwachsenen gehört hatte, denn erstens besaß ich als Vierjährige natürlich noch keine Uhr, und zweitens konnte ich an der großen Turmuhr des Stettiner Tors nur die vollen Stunden erkennen, da mir mein Großvater oder meine Tante lediglich die Funktion der beiden Zeiger erklärt hatte. Ich schlenderte also die Straße entlang und genoss die Abendsonne, schaute auch wohl auf die Turmuhr, konnte aber keine Veränderung erkennen. Schließlich kehrte ich um und ging zu unserem Haus zurück. Dort erwartete mich schon mein wütender Vater und schrie mich an: »Du hast gesagt ‚in zehn Minuten', und nun ist eine halbe Stunde vergangen!« Kaum waren wir drinnen, als er mir mit der bloßen Hand den nackten Hintern versohlte. Er tat mir sehr weh, und ich begann zu weinen. Aber meine Tränen brachten ihn nur noch mehr in Rage und mit den Worten: »Hör auf zu heulen, sonst kriegst du noch mehr!« prügelte er weiter auf mich ein. Mit zusammengebissenen Zähnen unterdrückte ich mühsam mein Schluchzen und hielt still, bis seine Wut verraucht war. Völlig verstört und verängstigt wartete ich in der Wohnung, bis meine Mutter wiederkam, erzählte ihr aber nichts von dem Vorfall, weil ich Angst hatte, nochmals bestraft zu werden.

Diese Schläge verzieh ich meinem Vater nie, denn selbst ein Mensch wie er, der von seinem eigenen Vater furchtbare Prügel bezogen hatte und leider keinerlei Menschenkenntnis besaß, hätte wissen müssen, dass ein vierjähriges Kind noch nicht in der Lage ist, die Zeitspanne von zehn Minuten auf dem Zifferblatt einer Turmuhr abzulesen oder im Gefühl zu haben.

In Cismar jedenfalls wurde mir oft das Gefühl vermittelt, dass ich völlig ungeschickt sei. Ich musste immer alles sofort können und perfekt ausführen. Nichts durfte ich ausprobieren. Von meiner Mutter bekam ich in späteren Jahren oft zu hören: »Gib her, das kannst du nicht!« Wie habe ich diesen Satz gehasst und wie demütigend empfand ich es, dass ich nicht einmal etwas versuchen oder ausprobieren durfte. So verlor ich nach und nach die Lust an praktischen Dingen und traute mir selbst nichts mehr zu, oder ich machte, kopfscheu vor Angst, tatsächlich Fehler.

Wie freute ich mich darauf, Mitte April wieder in die Schule gehen zu dürfen. Da ich wissbegierig war und eine schnelle Auffassungsgabe besaß, war ich nach kürzester Zeit wieder Klassenbeste. Ich wurde von den Lehrern gelobt, und meine Leistungen wurden anerkannt. Das war Balsam für meine wunde Seele, denn meine Eltern erachteten es als selbstverständlich, dass ich nicht nur gute, sondern sehr gute Zensuren vorweisen konnte. Allerdings gab meine Mutter des Öfteren bei Bekannten mit meinen ausgezeichneten Schulnoten an. Mir wäre es jedoch lieber gewesen, wenn sie mich selbst dafür gelobt hätte. Während andere Kinder sich auf die Ferien freuten, langweilte ich mich eher und war froh, wenn die Schule wieder begann.

Als im Mai 1946 mein neunter Geburtstag anstand, konnte ich wie im Jahr zuvor auf kein Geschenk hoffen. Wie und woher auch sollten meine Eltern für mich etwas auftreiben? Uns fehlte es ja an allem und jedem, von Tauschmitteln ganz zu schweigen. Aber zufällig hatte die alte Frau Lau, die Mutter des Gastwirts, auf dem Mietvertrag, den ihr mein Vater am 04. Mai zurückbrachte, entdeckt, dass er am selben Tag Geburtstag hatte, und ihm deshalb zwei Eier geschenkt. Das war für uns eine riesengroße Freude, und es wurde beschlossen, dass meine Mutter mit diesen Eiern am nächsten Tag, dem 05. Mai, also meinem Geburtstag, Eierpfannkuchen machen sollte. Ich war selig. Ausgelassen vor Freude hüpfte ich von einem Bein aufs andere und rief immerzu: »Morgen gibt es Eierpfannkuchen! Morgen gibt es Eierpfannkuchen!« Plötzlich sagte mein Vater barsch: »Halt endlich den Mund!« Erschrocken verstummte ich; ich war ihm offensichtlich auf die Nerven gegangen. Er hätte es mir auch schonender beibringen können. Mir war zum Weinen zumute; aber da er es mir schon als Kleinkind durch Prügel abgewöhnt hatte, unterdrückte ich meine Tränen und schwieg.

Ein andermal sagte ich, da ich diesen Satz öfter von Erwachsenen gehört hatte, in irgendeinem Zusammenhang: »Das ist mit Liebe gemacht.« Sofort entgegnete mein Vater in tadelndem Ton: »Du bist immer so altklug.« Mit dieser Bemerkung hatte er schon recht. Aber warum erklärte er mir nicht, dass es Redewendungen gibt, die nur Erwachsene gebrauchen dürfen? Und warum verschwendete er keinen einzigen Gedanken daran, weshalb ich mich nicht immer kindgemäß ausdrückte? Einerseits verlangte man von mir ganz selbstverständlich Dinge, die man in normalen Zeiten keinem Kind zugemutet hätte; andererseits sollte ich mich völlig kindgemäß verhalten.

Seit unserer Flucht aus Pyritz vor anderthalb Jahren besaß ich kein einziges Spielzeug. Wie vermisste ich meine Puppe, ganz besonders nach Ditis Tod! Und was hatte ich als Sieben- und Achtjährige nicht alles mit ansehen und miterleben beziehungsweise durchleiden müssen! Manch Erwachsener hat in seinem Leben nicht so viele Leichen und qualvoll sterbende Menschen gesehen wie ich in einem einzigen Jahr. Meine Kindheit war mir doch gestohlen worden!

Bei einer anderen Gelegenheit, als ich mit meinem Vater allein im Zimmer war, klopfte es plötzlich. Daraufhin schickte er mich, ohne mir jedoch irgendeine Anweisung zu geben, an die Tür. Als ich öffnete, verlangte ein Mann, meinen Vater zu sprechen. Ohne mir dabei etwas Böses zu denken, antwortete ich wahrheitsgemäß: »Der rasiert sich gerade.« Kaum war der Besucher wieder gegangen, als mich mein Vater wütend anschrie: »Das nächste Mal sagst du noch: ‚Mein Vater wäscht sich die Füße.'« Ich schwieg betroffen, denn ich verstand überhaupt nicht, dass das Rasieren oder Füßewaschen etwas Unanständiges oder Peinliches sein sollte?! In der Enge dieses einzigen Zimmers sah ich es doch täglich. Wir besaßen ja keine große Wohnung mit Badezimmer wie in Pyritz, ganz zu schweigen von den Unterkünften während unserer Flucht vor den Russen und den erbärmlichen Zuständen in den mit Menschen vollgestopften Scheunen während unserer Vertreibung, wo im selben Raum gegessen, geschlafen und die Notdurft verrichtet wurde. Nun wird sich vielleicht mancher fragen, warum ich meinen Vater nicht um eine Erklärung gebeten habe, aber zum einen war ich durch sein häufiges Tadeln verschüchtert, und zum anderen – der Überzeugung bin ich noch heute – hätte ich ihn nur noch mehr gereizt, weil er überhaupt nicht begriff, warum und wie sehr er mich verunsicherte.

Irgendwann im Sommer, als er auch Mutter Vorwürfe machte – den Anlass habe ich vergessen –, sagte ich zu ihr: »Wäre es nicht besser, wir gingen wieder nach Saßnitz zurück?« Im Grunde genommen wusste ich schon, dass daraus eigentlich nichts werden konnte; denn die Chance, dort Lehrerin zu werden, hatte sie bereits verspielt, weil sie die

Altersgrenze schon überschritten hatte und das Ausnahmeangebot wegen ihrer guten Prüfungsergebnisse ausgeschlagen und auch den Saßnitzer Schulrektor verprellt hatte, der sie bereits in seinem Stundenplan als Praktikantin berücksichtigt hatte. Obwohl mein Vater nichts entgegnete, muss ihn diese Bemerkung tief getroffen haben, denn Jahrzehnte später, als ich den Vorfall längst vergessen hatte, brachte er selbst diese Situation wieder ins Gespräch.

Natürlich trugen auch der ständige Hunger und die Aussichtslosigkeit unserer Lage dazu bei, dass die Nerven blank lagen. Das erkannte ich damals nicht, denn von mir wurde ja auch ein permanentes Wohlverhalten erwartet, und ich hätte meine Trauer und Enttäuschung niemals durch patzige Bemerkungen an meinen Eltern auslassen dürfen.

Etwa Mitte oder Ende Mai 1946 erhielt mein Vater nach einigen Hürden von der Kassenzahnärztlichen Vereinigung in Kiel die Erlaubnis, sich in Cismar als Zahnarzt niederzulassen. Da es bereits in Kellenhusen, in Dahme und in Grömitz einen Zahnarzt und dazu noch einen Dentisten gab, war man nicht zu Unrecht der Meinung, dass eine zusätzliche Praxis den vierten Zahnarzt in Cismar nicht ernähren könne. Bis zu diesem Zeitpunkt hatte Dr. Baßmann in Oldenburg meinen Vater pro forma als Zahntechniker angestellt, damit er überhaupt ein Wohn- und Bleiberecht in Cismar erhielt.

Nun also wurde in dem Terrassenvorraum, der zu unserem Zimmer führte, eine halbsteinbreite Mauer gezogen, sodass ein kleines Wartezimmer und ein schmales Sprechzimmer entstanden. Doch womit sollte mein Vater den Praxisraum einrichten? Das Wartezimmer konnten wir mit unseren drei

Stühlen bestücken, die wir morgens hineinstellten und mittags und abends wieder zurückholten. Aber wie und womit sollte der Praxisraum ausgestattet werden? Das Einzige, was mein Vater besaß, war eine kleine Instrumententasche aus Leinen mit ein paar Sonden, Mundspiegeln und Zahnzangen. Es gab zwar ein Dentaldepot in Lübeck am Klingenberg, doch zum einen glich die Fahrt nach Lübeck damals fast einer Weltreise, weil nur zweimal in der Woche ein Bus zwischen Dahme und Neustadt verkehrte und der Fahrer oft die Hälfte der Reisewilligen aus Platzmangel nicht befördern konnte. Aber auch die überfüllten Züge zwischen Neustadt und Lübeck fuhren nur in großen Abständen. Und zum anderen besaßen wir als einziges Tauschmittel nur die monatliche Zigarettenzuteilung von einer Schachtel pro Person. Natürlich hatte mein Vater sofort aufgehört zu rauchen, aber erst im September 1946 reichte dieser Vorrat, um dafür ein Kilogramm Weizenschrot einzutauschen, wobei uns unser »Wohltäter«, Onkelchen Lau, noch kräftig übers Ohr gehauen hatte.

Als der alte Boller aus Rothenhusen verstorben war, vermachte sein Schwiegersohn meinem Vater dessen Nachtstuhl. Da dieser mit Lehnen ausgestattet war, wurde er nun als Behandlungsstuhl ins Sprechzimmer gestellt. Im Lübecker Dentaldepot Wilke konnten meine Eltern zum Glück eine metallene Kopfstütze erwerben und dazu ein sogenanntes Handstück für die Bohrmaschine zum Einsetzen der Bohrer. Diese war natürlich kein hoch technisierter Apparat, sondern ein Tretbohrer, den Onkel Heinz, der Bruder meines Vaters, gebaut hatte. Und dennoch war sie für ihn unentbehrlich und existenzsichernd. Eine richtige Bohrmaschine hätte er, wenn überhaupt, zur damaligen Zeit nur für viel Butter, Schinken, Speck und viele Eier erstehen können. Aber darüber verfügten nur die Bauern. So musste mein Vater während der Behandlung am Stuhl auf einem Bein stehen und mit dem anderen ständig und eifrig das Holzpedal treten, um den Bohrer im Handstück zu schnellstmöglichen Umdrehungen zu bringen, damit das Bohren den Patienten nicht so wehtat. Denn natürlich gab es damals so gut wie keine Betäubungsmittel für den Praxisbedarf. Und die wenigen Spritzampullen, die den Zahnärzten zugeteilt wurden, mussten für sehr schmerzhafte und schwierige Behandlungen aufgespart werden, wie zum Beispiel für die Extraktion von Backenzähnen mit verkanteten Wurzeln bei komplizierter Kieferlage.

Während mein Vater also dafür sorgte, dass die Patienten beim Bohren so wenig wie möglich litten, schmerzten seine Beine umso mehr. Obwohl ein sehr guter Turner und nicht erst in Notzeiten schlank und untergewichtig geworden, quälten ihn, durch Erbanlage bedingt, sehr häufig Krampfaderschmerzen. Bereits als Soldat, mit Anfang dreißig, hatte man ihm im Feldlazarett mehr schlecht als recht die Venen verödet, weil er auch dort schon durch den Militärdrill ein offenes Bein bekommen hatte. Nun mag man einwenden, dass das Pedaltreten die Wadenmuskulatur aktiviert und dadurch die Venenwände trainiert; doch in seinem Fall traf das nur bedingt zu, weil das Standbein umso mehr belastet wurde und er das Treten nicht therapeutisch dosieren konnte, wodurch der Schaden meist größer war als der Nutzen. Er beklagte sich zwar nie, aber sein müdes Gesicht und sein mühsamer Gang sprachen Bände. Bevor er jedoch seinen Beinen mittags etwas Ruhe gönnen konnte, mussten noch die Instrumente sterilisiert werden, das heißt, sie wurden in einem Militärkochgeschirr auf einer winzigen Heizplatte eine gewisse Zeit lang ausgekocht, damit sie am Nahmittag wieder zu verwenden waren.

Unter diesen Bedingungen »eröffnete« also mein Vater Anfang Juni 1946 seine Zahnarztpraxis. Erst heute begreife ich, unter welchem existenziellen Druck meine Eltern gestanden haben müssen, zumal ja die 2.400 Reichsmark meiner Mutter, ihr Notgroschen, sich in Diebeshand befanden. Zudem waren die fünf bis acht Kilometer entfernten Kollegen meines Vaters in Grömitz, Kellenhusen und Dahme Einheimische, das heißt, sie besaßen alle außer dem Flüchtlingszahnarzt eine solide und gute Sprechzimmereinrichtung, genug Instrumente und vielleicht noch gehortetes Zahngold und Betäubungsmittel. Aber nach und nach ließen sich fast alle Cismarer von meinem Vater behandeln, und auch aus Gosdorf und Riepsdorf kamen einige Patienten, meistens zu Fuß, selten mit einem Pferdefuhrwerk, obwohl sie es zum Zahnarzt oder Dentisten in Lensahn vier Kilometer näher gehabt hätten. Ich glaube, dass meine Eltern ab Spätherbst 1946 wohl sagen konnten, dass ihr finanzielles Auskommen gesichert war. Der ständige Hunger jedoch plagte uns weiter.

Ich erinnere mich in diesem Zusammenhang ganz besonders an einen sonnigen, aber windigen und kalten Sonntag im Juli. Wir saßen frierend und mit knurrendem Magen im Wartezimmer, wo wir in unserer Brennhexe – einem quaderförmigen Blechkasten – das letzte Reisig verbrannt hatten. Meine Mutter und ich gingen regelmäßig Holz sammeln, aber da das alle Flüchtlinge taten, sah der Waldboden wie leer gefegt aus und man fand nicht einmal mehr millimeterdünne Zweiglein.

Da die Volksküche sonntags geschlossen war, mussten wir sogar auf die verhasste dünne, aber warme Steckrübensuppe verzichten. Mein Vater holte deshalb die allerletzte eiserne Reserve seines Wehrmachtsproviants hervor, den er mit bewundernswerter Willensstärke nicht angetastet hatte, nämlich eine Blechdose von zwei Zentimeter Höhe und fünf Zentimeter Durchmesser. Er öffnete sie, und meine Mutter holte für jeden eine Scheibe Brot und bestrich diese dünn mit Schmalz. Danach wollte mein Vater die Dose wieder in Verwahrung nehmen, aber meine Mutter protestierte. Doch als sie mit dem Messer das Schmalz berührte, stieß es in einen großen Hohlraum, der etwa ein Drittel des Doseninhalts ausmachte. In normalen Zeiten wäre dies ein kleines, vielleicht sogar amüsantes Ärgernis gewesen, aber für uns grenzte es damals an eine Katastrophe, durch eine Luftblase um so viel Schmalz betrogen worden zu sein. Betrübt und tief enttäuscht verzehrten wir den letzten Rest. Es war wirklich ein trauriger Sonntag.

Von diesen wenigen kalten Tagen abgesehen war es ein sehr warmer Sommer. Irgendwann im Juni gingen meine Mutter und ich bei einem Bauern Erbsen pflücken. Frühmorgens mussten wir drei bis vier Kilometer laufen, bis wir zwischen Cismarfelde und Kolauer Hof ein Feld erreichten. Dort zogen wir, auf der Erde kniend, die Erbsenpflanzen aus dem Boden und rissen die Schoten ab. Mittags quälten uns Durst und Hunger, während die Sonne erbarmungslos auf uns niederbrannte. Dann endlich, am Spätnachmittag, gab es als Lohn für einen Zentner gepflückter Schoten ein paar Pfund davon, die wir behalten durften. Die beiden nächsten Tage ging meine Mutter allein aufs Feld, während ich zu Hause die Erbsen aus ihren Hülsen palte.

Im Spätsommer durchstreiften wir sonntags zusammen mit meinem Vater die Stoppelfelder, um Ähren zu lesen. Doch als nach mehreren Stunden jeder von uns eine Handvoll Ähren gefunden hatte, die ausgepult alle zusammen nicht einmal eine Handvoll Körner ergaben, sahen wir nach dem dritten Mal ein, dass es keinen Zweck hatte. Entweder suchten wir auf den falschen Feldern oder andere waren uns bereits zuvorgekommen.

Im Herbst war meine Mutter ein- oder zweimal von morgens bis abends zum Kartoffelaufnehmen auf dem Feld eines Bauern. Als Lohn erhielt sie dafür ein paar Pfund Kartoffeln. Das nasskalte Wetter hatte ihr dabei sehr zu schaffen gemacht, denn sie fröstelte und rieb sich noch lange die klammen Hände. Am darauffolgenden Sonntag waren wir dann zu dritt unterwegs, um auf den abgeernteten Feldern Kartoffeln zu stöppeln; das heißt nach ein paar liegen gebliebenen Knollen zu suchen.

An einem dieser kalten Oktobersonntage quälte uns der Hunger einmal wieder besonders heftig. Mein Vater nahm daraufhin seinen Rucksack und machte sich auf den Weg. Als er nach ein paar Stunden von seiner ersten und einzigen Betteltour zurückkam, blickten wir ihn erwartungsvoll an und freuten uns schon auf ein paar Eier oder ein kleines Stückchen Speck. Mein Vater öffnete den Rucksack, und zum Vorschein kamen eine Steckrübe und zwei Knollen Rote Bete. Und mit müder, gedrückter Stimme sagte er: »Das ist alles, was mir Bauer Koch gegeben hat.« In diesem Augenblick tat er mir unendlich leid, denn er litt nicht nur unter seinem Misserfolg, sondern auch darunter, unsere Hoffnung so enttäuscht zu haben.

Nach dem ersten Frost gingen wir eines Sonntags Schlehen pflücken, die wir auch in den Knicks um Cismarfelde herum reichlich fanden. Bis auf die Stacheln war es eine vergleichsweise angenehme Arbeit, und bald hatte sich unsere Allzweckschüssel gefüllt. Doch zu Hause angekommen, merkten wir, dass uns zum Saftmachen kein Handtuch zur Verfügung stand, denn die wenigen, die wir besaßen, mussten für die Praxis und unsere morgendliche Wäsche reserviert bleiben. Aber das größte Problem war der fehlende Zucker. Die kleine Monatsration, die es auf Lebensmittelkarten gab, hätte nie gereicht, um den Schlehensaft haltbar zu machen. So verzehrten wir ein paar Tage lang die Beeren roh, obwohl uns die Säure schon nach dem Genuss einer Beere den Mund zusammenzog. Aber da es für uns überhaupt keine Früchte gab, nicht einmal Fallobst, waren die Schlehen unsere einzigen Vitaminspender.

Doch ich habe an diesen Herbst auch eine schöne Erinnerung. An den Oktoberabenden versammelten sich die Kinder in Cismar zum Laternelaufen. Aus Pommern kannte ich diesen Brauch nicht. Vielleicht war er auch nur in den Städten wegen der Bombenangriffe verboten worden, denn abends mussten die Fenster der Häuser verdunkelt werden und die Straßenlampen blieben ausgeschaltet. Ich stand draußen vor der Tür und schaute sehnsüchtig auf die schönen leuchtenden, bunten Papierlaternen, welche die Dorfkinder an mir vorübertrugen, während sie sangen: »Laterne, Laterne, Sonne, Mond und Sterne …« Diesmal war sogar meinem Vater meine Traurigkeit aufgefallen, denn am darauffolgenden Abend, nachdem der letzte Patient gegangen war, bohrte er in die Wände einer leeren Konservendose mit dem Zahnbohrer lauter Löcher. Dann legte er dicht an die Innenwand ein Stück rosa Löschpapier, schob einen Holzstab durch eine Drahtschleife, zog die beiden Enden durch zwei Löcher am oberen Dosenrand, und fertig war meine Laterne. Irgendwo fand er noch eine dünne, weiße Kerze, die er hineinstellte und anzündete. Ich war selig und reihte mich sofort in den Zug der Kinder ein, die mit ihrer Laterne gingen. Obwohl mein zartrosa schimmerndes Etwas keinesfalls mit den anderen konkurrieren konnte, hörte ich zum Glück keine abfälligen Bemerkungen über meine seltsame Laterne, sondern sie bescherte mir ein paar freudvolle, schöne Herbstabende.

Etwa zur gleichen Zeit bekamen wir endlich einen Ofen, auf dessen Platte meine Mutter nun auch etwas kochen konnte. Natürlich gab es weder Kohlen noch Briketts, das einzige Brennmaterial war Holz. Doch schon im Sommer war der Waldboden wie leer gefegt, selbst millimeterdünne Zweige fand man äußerst selten. Mein Vater hatte aber vier alte Stubben erworben, die so schwer waren, dass wir sie einzeln abholen und im Kinderwagen transportieren mussten. Doch unsere anfängliche Freude erhielt einen erheblichen Dämpfer, als sich das harte Holz mit der Axt nicht spalten ließ. Erst mit einem ausgeliehenen Keil gelang es meinem Vater, die Stubben grob zu zerteilen und danach mit dem Beil zu zerkleinern. Für seinen ausgemergelten Körper bedeutete diese Arbeit eine zusätzliche Anstrengung, die ihn an die Grenze seiner Kräfte brachte. Das Stubbenholz bescherte uns jedoch in diesem strengen Winter meist einen warmen Ofen.

Und dann kam das erste Weihnachten in Cismar. Am Tag vor Heiligabend hatte sich Onkel Heinz, der Bruder meines Vaters, angesagt. Von Lehrte bis Lensahn wollte er mit dem

Zug fahren und dann die letzten acht Kilometer bis Cismar laufen, sodass er gegen zehn Uhr abends bei uns eintreffen würde. Aber er kam nicht. Wir warteten bis Mitternacht, jedoch vergebens. Dann plötzlich gegen zwei Uhr nachts wurden wir durch energisches Klopfen an der Verandatür aus dem Schlaf aufgeschreckt. Mein Vater öffnete, und vor ihm stand sein Bruder. Da der Zug nur bis Neustadt gefahren war, hatte er nicht acht, sondern achtzehn Kilometer zu Fuß laufen müssen. Solche Dinge passierten eben, und man musste in jener Zeit mit derlei Zwischenfällen rechnen. Da wir wie die meisten Leute damals noch keinen Telefonanschluss besaßen, hatte er uns auch nicht benachrichtigen können.

Dieses Jahr hatten wir selbst einen kleinen Weihnachtsbaum, den wir mit drei weißen Kerzen und Fröbelsternen aus Zeitungspapier schmückten. Die Sterne hatte ich gebastelt, denn Herr Etzler, unser Klassenlehrer, hatte uns Schulkindern gezeigt, wie man diese aus weißen Papierstreifen herstellte. Ich hätte so gerne weißes Papier verwendet, aber dies musste für den Schulunterricht und für alle Schreibarbeiten meiner Eltern aufgehoben werden.

Kuchen oder gar Weihnachtsgebäck gab es natürlich nicht. Aber Onkel Heinz, ein gelernter Kupferschmiedemeister, der in Lehrte bei einem Klempner Arbeit gefunden hatte, brachte etwas zu essen mit. Als Handwerker war es für ihn viel leichter, sich in Naturalien bezahlen zu lassen als für meinen Vater, der vom Berufsethos her verpflichtet war zu helfen. Er hätte nicht sagen können: »Wenn Sie mir nicht ein paar Eier oder ein Stück Wurst mitbringen, plombiere ich Ihnen die Zähne nicht.«

Seltsamerweise ist mir nicht in Erinnerung geblieben, was meine Mutter an den Feiertagen auf den Tisch brachte. Ich weiß nur, dass wir seit vielen Monaten dank Onkel Heinz wieder richtig satt geworden sind. Geschenke gab es für die Erwachsenen keine. Nur ich bekam eines von Onkel Heinz, und zwar einen kleinen aus Kupfer gehämmerten Kochtopf für meine Puppenstube, die ich nicht mehr hatte. Aber mein Onkel konnte ja nicht wissen, dass ich überhaupt kein Spielzeug mehr besaß.

Dagegen weiß ich noch genau, dass wir dieses Weihnachten nicht am Gottesdienst teilnahmen. Zum einen waren meine Eltern ohnehin keine eifrigen Kirchgänger, doch der ausschlaggebende Grund war der derzeitig amtierende Pastor Prill. Dieser Pfarrer hatte sich rechtzeitig mit seiner Frau, seinem damals siebenundzwanzigjährigen Sohn und der etwas jüngeren Tochter mit Sack und Pack aus Hamburg vor den Bombenangriffen nach Cismar in Sicherheit gebracht. Er hatte im Pastorat gegenüber vom »Lindenhof«, wo wir hausten, eine komfortable Wohnung bezogen und lebte dort wie ein sorgloser Privatier, ohne sich um seine Gemeinde zu kümmern. Auch seine Frau, die ihr graues Haar färben ließ, entsprach in keiner Weise dem Bild einer Pastorenfrau. Eine Pfarrersfrau mit gefärbten Haaren galt damals als völlig indiskutabel, ebenso unmöglich, wie wenn ein Mädchen im bunten Strandkleid oder ein Mann in kurzen Hosen zur Beerdigung gegangen wäre.

Davon abgesehen kümmerte Frau Prill sich weder um Arme und Kranke in der Gemeinde noch versuchte sie, das Los von hungernden und frierenden Flüchtlingen zu lindern.

Aber es gab noch andere Dinge, die uns auffielen und den

begründeten Verdacht nährten, dass der Herr Pfarrer nichts von christlicher Nächstenliebe hielt und sie schon gar nicht praktizierte; umso mehr Eigenliebe und Profitgier. Denn einmal wöchentlich fuhr der Sohn Jörg auf seinem Motorrad nach Hamburg; doch nicht, um notleidende Verwandte zu besuchen, sondern um auf dem schwarzen Markt lukrative Tauschgeschäfte zu tätigen. Schon allein die Tatsache, dass dieser junge Mann 1946 ein Motorrad besaß, lässt eigentlich nur zwei Schlüsse zu: Entweder war Vater Prill ein ehemaliger hoher Nazibonze, deren Autos und Motorräder nicht von der Wehrmacht konfisziert worden waren wie sonst bei *Nicht*parteigenossen üblich; oder er hatte es auf nicht legalem Wege erworben oder irgendwo »gefunden«. Ebenfalls einmal pro Woche erhielt Pastor Prill Besuch von seinem katholischen Amtskollegen aus Kellenhusen, für damalige Zeiten etwas wirklich Ungewöhnliches, wo sogar manche Eheschließung wegen unterschiedlicher Konfessionen scheiterte.

Eine plausible Erklärung für dieses merkwürdige Verhalten sowie eine Bestätigung unserer Vermutungen erhielt ich fast auf den Tag genau dreiundvierzig Jahre später durch einen seltsamen Zufall. Im Januar 1989, auf der Beerdigung von Dr. Dallmann, der sich nach Dr. Koch in Cismar als Arzt niedergelassen hatte, saß ich nach der Trauerfeier zusammen an einem Tisch mit einem ehemaligen Polizisten, der als Flüchtling in den Nachkriegsjahren im Pastoratsgebäude gelebt hatte. Als er zu mir sagte: »Wir haben es doch nach 1945 gut gehabt in Cismar«, konnte ich nur entgegnen, dass wir zur gleichen Zeit gefroren und fürchterlich gehungert hatten. Und dann erzählte er, dass Pastor Prill die wenigen Flüchtlinge, die außer ihm im Pastorat untergebracht waren, mit Nahrungsmitteln aus Carepaketen versorgte, die er als Pfarrer aus Amerika bekommen hatte, um sie in seiner Kirchengemeinde zu verteilen. Offensichtlich hatte Pastor Prill diese Carepakete bis auf diejenigen, mit denen er im wahrsten Sinne des Wortes seinen Mitbewohnern den Mund stopfte, für sich behalten; und Sohn Jörg tauschte und verschacherte den Inhalt der übrigen Pakete in Hamburg auf dem schwarzen Markt.

Und was die allwöchentlichen Besuche des katholischen Popen betraf, so handelte es sich nicht um philosophische oder religiöse Gespräche der beiden Gottesmänner über Trennendes oder auch Verbindendes der beiden verschiedenen Konfessionen, sondern ganz profan darum, welche Gegengabe der Katholik für seinen Messwein von seinem protestantischen Amtskollegen einfordern konnte.

Im Frühjahr 1947 kam zum ersten Mal Frau Krohn vom Kolauer Hof zu meinem Vater in die Praxis. Meine Mutter und ich warteten schon sehnsüchtig auf ihren Besuch, und vom Fenster aus versuchten wir zu erspähen, ob sie eine Milchkanne bei sich hatte, wenn sie von der Pferdekutsche herabstieg. Schade nur, dass ihre Behandlung nach drei oder vier Sitzungen beendet war, denn jedes Mal brachte sie uns einen oder anderthalb Liter Vollmilch mit. Dann konnte meine Mutter mit dem gegen unsere Zigarettenration eingetauschten Weizenschrot eine herrliche Milchsuppe kochen. Aber auch die Flüchtlinge, die auf dem Kolauer Hof untergebracht waren, hatten satt zu essen; ganz im Gegensatz zu denen, die bei einem Bauern in Bökenberg leben mussten und dort wie Leibeigene gehalten wurden.

Von ähnlichem Kaliber war auch Trudel Hahn, die Cismarer Schlachtersfrau. Als meine Mutter sie einmal darum bat, zu unserer kärglichen Fleischration, die wir auf Lebensmittelkarten bekamen, zwei nackte, fleischlose Knochen dazuzulegen, erhielt sie zur Antwort: »Selber essen macht fett.« Wie wahr! Denn Frau Hahn besaß nicht nur ein Doppelkinn, sondern sogar ein dreistöckiges, das sie bei diesen Worten gewichtig auf ihren enormen Busenbalkon drückte. Bis auf die vergleichsweise schlanken und wohlgeformten Beine glich ihr ganzer Körper einer Fettwalze. Außerdem wurden wir nie das Gefühl los, dass sie zumindest jeden Flüchtling auch noch um ein paar Gramm seiner spärlichen Fleischration betrog. Denn warum sonst hatte sie in dem kleinen Verkaufsraum die Waage so platziert, dass niemand außer ihr weder aus den Augenwinkeln noch durch Verdrehen des Oberkörpers erkennen konnte, wie viel Gramm sie abwog?

Doch manchmal gibt es im Leben so etwas wie eine ausgleichende Gerechtigkeit. Nach der Währungsreform gab es keine Lebensmittelkarten mehr, und die Leute konnten zuerst für ihr Kopfgeld von 40 DM, später von ihrem Verdienst das kaufen, was sie selbst auswählten und für notwendig erachteten. Und bei manchen Geschäftsleuten beobachtete man dann eine wundersame Wandlung vom mürrischen Tyrannen zum devot freundlichen Verkäufer. So konnte sich auch Trudel Hahn der neuen Entwicklung nicht verschließen, ohne ihre Kunden zu verlieren. Mit nicht geringer Schadenfreunde nahmen meine Mutter und ich wahr, wie sie sich von nun an nach jedem Einkauf bedankte; aber bevor sie mit gepresster Stimme ihr »Vielen Dank« hervorbrachte, schluckte sie jedes Mal. Man konnte ihr deutlich ansehen, wie schwer ihr diese neue Höflichkeit fiel.

Im Frühjahr 1947 bekamen wir eine Gartenparzelle. Auf der unbebauten Seite der Dorfstraße zwischen Pastorat und Waldrand wurden von dem Feld mehrere, gleich lange und gleich breite Ackerstücke abgeteilt, die dann als Gartenland genutzt werden durften. Da selbst Mist in jener Zeit für Nichtbauern eine begehrte Mangelware darstellte, hatte man auf dieser Fläche, sozusagen als Dungersatz, eine Lupinenart ausgesät, die dem Boden nach dem Umgraben Nährstoffe zuführen sollte. Dazu brauchte man natürlich einen Spaten; aber den hatten wir nicht. Woher nehmen und nicht stehlen?

Doch eines Tages, es war etwa Mitte April, kam meine Mutter mittags ein paar Minuten vor zwölf von der Gemeinde, einen Bezugschein in der Hand, und sagte zu mir: »Annmarei, wir müssen sofort nach Grömitz laufen, denn dort soll es am Ortsausgang Richtung Nienhagen ein Geschäft geben, das Spaten verkauft.« Wir machten uns sofort auf den Weg, denn wir mussten die sechs Kilometer bis Grömitz in einer knappen Stunde zurücklegen, um noch vor dreizehn Uhr im Geschäft zu sein. Es war ein sonniger Frühlingstag, und wir merkten sehr bald, dass wir viel zu warm angezogen waren. Ich schwitzte in meinem ausgeblichenen roten Winterkleid, auch meine Mutter litt unter der unerwarteten Hitze. Aber umkehren und uns etwas anderes anziehen konnten wir nicht; sonst wären wir zu spät in Grömitz angekommen. Nun würde manch einer heutzutage über unsere unnötige Hast den Kopf schütteln und meinen: Wozu bloß diese Hetze? Aber damals war es so, dass man mit einem Bezugschein zwar theoretisch ein Anrecht auf den Kauf einer Ware erworben hatte, doch in der Praxis ging man nicht selten leer aus, wenn zu wenig davon vorhanden war.

Etwas außer Atem geraten, erreichten wir das Geschäft in

Grömitz, als die Besitzerin gerade abschließen wollte. Und welch ein Glück! Es war noch ein Spaten da, den wir sofort mitnahmen. Erleichtert machten wir uns auf den Rückweg und trugen den Spaten abwechselnd. Doch die Mittagshitze setzte uns arg zu, unsere müden Füße in dem schlechten Schuhwerk begannen zu schmerzen, und der Spaten wog immer schwerer. Am sogenannten »Grömitzer Berg« – etwa einen Kilometer hinter Grömitz und vier Kilometer vor Cismar, einer Anhöhe, wo auch Radfahrer oft abstiegen – entwickelten wir eine neue Tragetechnik. Der Spaten wurde nun von uns beiden gleichzeitig transportiert, und zwar zwischen uns, wobei der jeweilige Griffträger im Vorteil war. Nach einer schier endlos scheinenden Zeit endete dieser Zwölfkilometermarsch für meine Mutter und mich. Wir zogen die Schuhe aus und kühlten unsere schmerzenden Füße auf dem Zementfußboden unserer Behausung. Apropos Schuhe: Den ganzen Winter hindurch bis ins Frühjahr hatte ich nur mit den Saßnitzer Holzkurkeln laufen müssen, die nun zu warm geworden waren.

Da Not bekanntlich erfinderisch macht, hatte sich ein aus Berlin stammender Tischler oder Zimmermann namens Gänz auf dem Klostergelände niedergelassen und mangels anderweitiger Aufträge damit begonnen, Sommersandalen anzufertigen. Diese Schuhe bestanden aus einer durchgehenden Holzsohle mit Keilabsatz. Zwei über Kreuz gelegte und festgenagelte Leinenstreifen ersetzten das Oberleder, und ein schmaleres Leinenband führte, die Ferse umschließend, von der Innen- zur Außenseite des Deckblatts. Allerdings konnte man diese Sandalen, die für damalige Zeiten recht schick aussahen, nur erwerben, wenn man Leinenstoff mitbrachte. Und den hatten wir natürlich auch nicht. Trotzdem ging meine Mutter mit mir in die Werkstatt und bat Frau Gänz, uns ein Stückchen Leinen zu schenken oder zu verkaufen. Schließlich willigte sie ein, und bald darauf erhielten wir unsere Schuhe. Vielleicht half uns die Tatsache, dass meine Mutter während ihrer Lettehauszeit Berlin gut kennengelernt hatte und Frau Gänz sich gerne mit ihr über ihre Heimatstadt unterhielt. Wir freuten uns über unsere Neuerwerbung, doch bei längerem Gehen merkten wir, dass die starre Sohle ein Abrollen des Fußes unmöglich machte, der Leinenriemen keinen Halt gab und somit das Laufen auf diesen Schuhen ungesund und sehr ermüdend war. Aber uns blieb ja keine andere Wahl.

Wenig später, am 05. Mai 1947, meinem zehnten Geburtstag, gab es keine Feier und natürlich auch kein Stück Kuchen, aber meine Eltern schenkten mir eine Stoffpuppe. Der Himmel weiß, woher sie diese aufgetrieben hatten. Mit meiner schönen Zelluloidpuppe aus Pyritz, die »sprechen« und ihre lang bewimperten Augen öffnen und schließen konnte, war sie nicht zu vergleichen. Dennoch hätte ich dieses hässliche Etwas geliebt, wäre sie mir zwei Jahre zuvor geschenkt worden. Aber jetzt war es zu spät. Durch all die schrecklichen Erlebnisse und die vielen Entbehrungen war ich zu früh erwachsen geworden. Meine Kindheit war vorbei. Auch körperlich machte sich dieser Prozess bemerkbar. Mit zwölf Jahren war ich vollkommen ausgewachsen und bekam meine Regel, die bei meinen Klassenkameradinnen frühestens mit vierzehn, manchmal erst mit sechzehn Jahren einsetzte. Fremde, die mein Alter nicht kannten, begannen mich zu siezen, weil sie meinten, ich sei bereits sechzehn Jahre alt.

Irgendwann im Frühsommer 1947 hörten wir, dass es auf dem Klostergelände, in der sogenannten Kantine, Fischrogen zu kaufen gab. Sofort wurde ich mit dem Soldatenkochgeschirr meines Vaters losgeschickt. Ich beeilte mich auch, um nur ja nicht mit leerem Behälter nach Hause zu kommen. Meine Mutter kochte Pellkartoffeln, und dann wurde dieses Gemisch aus Heringsmilch und -rogen darübergefüllt. Der Rogen sah nicht mehr rosarot aus, sondern fahlgelb wie die leichenfarbene Milch. Zudem war diese vermanschte Masse stark gesalzen, um sie haltbar zu machen. Genau genommen waren es Abfälle, die jeder Fischer oder jede Hausfrau beim Ausnehmen von Fisch wegwarf. Mit großem Widerwillen würgten wir diesen Fraß hinunter, den wir lieber ausgespuckt hätten. Sogar mein Vater, der über eine bewundernswerte Selbstbeherrschung verfügte, konnte seinen Ekel nicht ganz verbergen.

Noch eine andere »Köstlichkeit« gab es in der Kantine zu kaufen: das sogenannte Heißgetränk, eine Flüssigkeit von wunderschöner purpurroter Farbe, aber mit einem widerlich süßen Geschmack ohne jedes Aroma. Kein Mensch wusste, warum es den Namen »Heißgetränk« führte; denn erhitzt schmeckte es genauso scheußlich.

Die Kantine wurde übrigens von einem Herrn Kaempfe, einem elegant gekleideten Mann um die dreißig, geführt. Woher er kam und welchen Beruf er einmal ausgeübt hatte, wusste niemand. Er hielt sich diskret im Hintergrund. Nur reiste er wie der Pastorensohn Jörg Prill auffällig oft nach Hamburg. In seinem Laden mit den frei verkäuflichen Waren fungierte ein Herr Fritsch, ein aus Berlin stammender Elektriker, als Verkäufer. Wenn Frau Kaempfe zu meinem Vater zur Behandlung kam, blieb sie nicht im Wartezimmer sitzen, sondern klopfte bei meiner Mutter an. Offensichtlich suchte sie den Kontakt zu einer Akademikerfrau und versuchte, diese mit diversen Erzählungen zu beeindrucken. Meine Mutter, wohl in der Hoffnung, vielleicht in der Kantine etwas Brauchbares zu erwerben, hörte sich diese Ungereimtheiten geduldig an. Jedenfalls beklagte sich Frau Kaempfe darüber, dass sie bei jedem Friseurbesuch Migräne bekäme und nicht mit dem Bus fahren könne, weil sie dann eine schreckliche Übelkeit befalle. Offensichtlich war sie der Meinung, dass solche Missempfindungen nur in gehobenen Kreisen oder bei hochsensiblen blaublütigen Menschen anzutreffen seien, womit sie ihre Vornehmheit zum Ausdruck brachten. Vielleicht hatte sie in ihrer Kindheit das Märchen von der »Prinzessin auf der Erbse« gelesen. Ich dagegen bewunderte ihr schönes königsblaues Seidensamtkleid mit Herzausschnitt und kurzen Ärmeln, das ihre zierliche Figur mit dem hübsch geschnittenen Gesicht und dem aschblonden, hochfrisierten Haar unterstrich.

Mit Wehmut erinnerte ich mich an meine schönen Kleider, die teils in Pyritz geblieben oder uns von den Polen weggenommen worden waren. Dabei dachte ich vor allem an ein mittelblaues Kleid, das meine Mutter mir gehäkelt hatte und an dem ich besonders hing. Da das Kunstseidengarn wohl nur locker gedreht war, dehnte sich das Kleid in der Länge und wuchs mit mir mit. Ich hatte es auch noch im Juli 1945 in unserer zerstörten Heimatstadt getragen. Aber während der Vertreibung aus Pyritz, wo wir drei Tage auf einer Wiese kampieren mussten, damit die raffgierigen Polacken uns auch das letzte bisschen Habe stehlen konnten und uns sogar die Kleider vom Leibe rissen, hatten sie mir auch mein blaues Häkelkleid weggenommen. Und somit besaß ich überhaupt keine Sommersachen mehr.

Erst als meine Mutter, ich weiß nicht, woher, eine rote Hakenkreuz-Fahne erworben und sie mir per Hand ein Kleid daraus genäht hatte, konnte ich einigermaßen ordentlich angezogen die Schule besuchen. Viele Kinder liefen damals in Cismar mit den sogenannten Fahnenkleidern herum. Ich hasste diese rote Farbe, aber mit großem Geschick hatte meine Mutter das Oberteil gesmokt und aus dem schwarzen Stoff vorn und hinten eine Passe eingesetzt, sodass eine Art ästhetischer Pufferzone zwischen meinem blassen Gesicht und dem knallroten Stoff entstanden war. Davon abgesehen war es ihr gelungen, ein fast elegantes Kleid aus primitivsten Zutaten zu schneidern.

Ebenfalls im Frühsommer 1947 durften Flüchtlinge, die keinen Backofen besaßen, von nun an freitags vormittags ihren Kuchenteig auf Blechen oder in der Form zu Bäcker Möller zum Backen bringen. Aus den wenigen Zutaten, die uns per Lebensmittelkarte zur Verfügung standen, nämlich aus gebrannter und gemahlener Gerste, wenig Weizenmehl, Backpulver, etwas Zucker, Wasser oder Magermilch entstand der sogenannte Kaffeekuchen. Schon mittags, wenn meine Mutter den Kuchen abholte, der ja am Sonntag verzehrt werden sollte, umkreisten wir das Objekt unserer Begierde und verschlangen es mit den Augen, bis meine Mutter meinte, man könne ja mal ein Stück probieren, eine Ausrede, die nur notdürftig unseren Heißhunger kaschierte. Denn nun war der Damm gebrochen, und wir hörten nicht eher auf zu essen, bis das letzte Stück verzehrt war. Danach waren wir zwar gesättigt, aber wir fühlten uns schlecht, ähnlich wie jemand, der sich in heutiger Zeit fest vorgenommen hat, nur eine kleine, fettarme Mahlzeit zu essen, und dann in einem Heißhungeranfall eine ganze Schachtel Pralinen verschlingt. Aber nicht nur das schlechte Gewissen plagte uns, sondern auch die Erkenntnis, dass uns nun wieder einmal ein trauriger Sonntag mit Magenknurren bevorstand. Und als vierzehn Tage später die Zutaten für einen neuen Kuchen reichten, wiederholte sich trotz bester Vorsätze diese Szenerie: so lange, bis endlich nach der Währungsreform die Gedanken nicht immer nur ums Essen kreisten. Würde einem heutzutage dieses Gebäck in einem Café angeboten, hätte der Konditor das Weite suchen müssen, um dem Zorn der Kunden zu entgehen. Doch für uns war dieser Kuchen, der weder Fett noch Eier enthielt, eine Köstlichkeit. Hatten wir doch im Februar 1945 in Kublank zum letzten Mal ein Stückchen Kuchen gegessen.

Übrigens konnte man damals auch eine sogenannte »falsche Schlagsahne« herstellen. Dazu wurde aus Magermilch und Grieß eine Suppe gekocht, die man dann mindestens eine halbe Stunde ohne Unterbrechung mit einem Schneebesen kalt schlagen musste. Selbstverständlich gab es zu jener Zeit noch keine elektrischen Küchengeräte, egal welcher Art. Wir probierten dieses Rezept jedoch nur einmal aus, denn zum einen gab es Grieß zwar theoretisch auf Lebensmittelkarten, aber praktisch fast nie; zum anderen war auch die Magermilch rationiert. Und schließlich war die »Sahne« durch das viele Kosten bereits verzehrt, noch ehe sie die richtige Konsistenz erreicht hatte.

Abgesehen vom Grieß gab es andere Nahrungsmittelengpässe. So konnte man plötzlich, selbst auf Marken, anstelle von Weizenmehl und Roggenmehl nur noch Maismehl kaufen. Auch die Bäcker mussten gemahlenen Mais zum Brotbacken verwenden. Zuerst freuten wir uns über diese leicht bittere Geschmacksvariante, denn es gab ja nur eine Brotsorte beim Bäcker. Doch sehr bald schmeckte uns das penetrant bittere Maismehl immer weniger, und wir sehnten uns nach dem Kommissbrot zurück, auf das wir nun fast ein halbes Jahr verzichten mussten.

Im Zusammenhang mit dem Kaffeekuchen fällt mir noch eine Episode ein, die mir unvergesslich geblieben ist. Bohnenkaffee gab es für uns natürlich nicht. Nur wer Verwandte in Nord- oder Südamerika hatte oder mit Butter, Speck und Schinken tauschen konnte, also die Bauern, kam in den Genuss dieser Köstlichkeit. Für alle anderen blieb nur der sogenannte Kaffee-Ersatz, nämlich schwarz gebrannte Gerste, die es im Kolonialwarenladen zu kaufen gab. Dieser wurde in Cismar von einem Herrmann Sauber geführt, einem kleinen, angejahrten Junggesellen mit schwarz gefärbtem Haar. Er lebte zusammen mit einer Kriegerwitwe namens Knickrehm und deren beiden Kindern. Offiziell fungierte sie als Haushälterin und half auch hin und wieder im Laden aus, bis Klein Herrmann die fast einen Kopf größere Frau Knickrehm einige Jahre später endlich heiratete. – Eines Tages schickte mich meine Mutter zum Einkaufen. Unter anderem sollte ich auch ein halbes Pfund Kaffee mitbringen. Als Herrmann Sauber die gebrannte Gerste abwog, betrachtete er die Waage sehr genau. Und tatsächlich nahm er mit seiner kleinen silberfarbenen Schaufel – sage und schreibe – zwei Körner aus der Tüte wieder heraus. In diesem Falle wäre der Name Knickrehm für ihn wohl passender gewesen.

Noch etwas anderes, was sich in diesem Sommer ereignete, wird mir unvergesslich bleiben. Im Juli 1947 gab es eine Buschholzzuteilung. Dabei handelte es sich um dünne Unterholzäste, die beim Auslichten eines Waldstücks geschlagen worden waren. Ich kam gerade von einem meiner wöchentlichen Grömitzmärsche zurück, als ich zu meiner Überraschung meinen Vater einen Leiterwagen mit zwei Pferden kutschieren und vor dem »Lindenhof« halten sah. An seinem Gesichtsausdruck erkannte ich, dass ihm etwas sehr Unangenehmes oder gar Trauriges zugestoßen war. Dann erfuhr ich, dass er sich von Fuhrmann Nagel das Pferdespann – wer weiß, wie viele Zigaretten ihn das gekostet haben mochte – ausgeliehen hatte, um hinter dem zweieinhalb Kilometer entfernen »Kahlschlag« bei Lensterbek seine Holzration abzuholen. Als er sich anschickte, die dünnen Buchenäste aufzuladen, erkannte ihn ein Waldarbeiter, der Patient bei meinem Vater war, und sagte zu ihm: »Herr Doktor, was wollen Sie denn mit diesem Gestrüpp! Ich schlage Ihnen ein paar dickere Äste.« Hocherfreut lud mein Vater diese kostbare Fracht auf den Wagen. Doch als er gerade wegfahren wollte, stand plötzlich der sogenannte Förster Johnsen vor ihm und zwang ihn, das schöne Holz wieder abzuladen. Übrigens war Herr Johnsen, der fast so beleibt war wie seine Frau, die genau wie er sonntags Torte mit Schlagsahne essen konnte, kein Förster, obwohl er sich gerne so nennen ließ, sondern er war vom Forstamt Eutin als eine Art Vorarbeiter bestellt worden, um die Waldarbeiter im Cismarer Forst zu beaufsichtigen. Nun mag heutzutage manch einer sagen: »Wegen einer solchen Lappalie macht man doch kein Aufheben.« Aber für uns bedeutete dieser Fehlschlag eine mittlere Katastrophe. Es war nämlich die gesamte Holzration für den kommenden Winter. Wie sollten wir mit diesen grünen Zweigen, die mehr qualmten als brannten, unsere kalte und zugige Behausung erwärmen? Und in diesem Winter geschah es auch, dass eine Patientin vom Behandlungsstuhl aufstand und nach Hause ging, weil sie die Kälte im Sprechzimmer nicht ertragen konnte.

Wie tief meinen Vater diese Holzaktion getroffen hat, beweist die Tatsache, dass er sogar dreiundfünfzig Jahre später, als er schon so vieles vergessen hatte, immer noch, wenn ich ihn im Rollstuhl durch ein Waldstück fuhr, sagte: »Das schöne Holz! Warum nimmt es niemand mit?« Und dann erzählte er wieder die »Förstergeschichte«.

Weiter oben erwähnte ich bereits meine Grömitzmärsche. Da es in Cismar keinen Zahntechniker gab, war mein Vater gezwungen, sich deswegen in den Nachbarorten umzusehen. Der nächsterreichbare Zahntechniker war ein Herr Schabkowski, der sich in Grömitz, in der Schützenstraße, ein kleines Labor eingerichtet hatte. Trotz seines polnisch-russisch klingenden Namens hätte man bei ihm eher die Vorfahren einer anderen Nationalität vermutet. Er war knapp mittelgroß, und mit den dunkelbrauen Augen, dem glatten, schwarzen Haar und dem Menjoubärtchen sah er genau so aus, wie sich Leute, die noch nie in Frankreich waren, einen typischen Franzosen vorstellen. Besagter Herr Schabkowski beschäftigte damals einen Mann, der die Gipsabdrücke der Patientengebisse bei den Zahnärzten abholte und die fertige Prothetik zurückbrachte. Ob der Bote diese Wege zu Fuß oder per Fahrrad absolvierte, weiß ich nicht mehr. Mein Vater, für den Pünktlichkeit, Genauigkeit, einzuhaltende Versprechen unantastbare Prinzipien waren, ärgerte sich über dessen Unzuverlässigkeit, weil nun er wiederum die den Patienten zugesagten Termine nicht einhalten konnte. Jedenfalls ließ mein Vater, der es selten verstand, Menschen situationsgerecht zu behandeln, seinen Zorn und seinen Ärger an diesem armen Menschen aus, obwohl Monsieur Schabkowski der eigentliche Verursacher war. Daraufhin weigerte sich der Bote, der die ungerechten Vorwürfe schweigend zur Kenntnis genommen hatte, meinen Vater weiterhin aufzusuchen.

Von nun an musste ich fast jede Woche nach Grömitz und wieder zurücklaufen, insgesamt zwölf Kilometer. Und wenn ich Glück hatte, bekam ich als Belohnung eine Scheibe Brot mit Vierfruchtmarmelade, selbstverständlich ohne Butter oder Margarine, oder später mit Rübensirup. Übrigens bestand die sogenannte Vierfruchtmarmelade nicht aus vier Sorten Früchten, sondern aus Obstabfällen wie Apfelgriebs, Schalen und viel Gelatine. Allerdings besaß sie immer, wie auch das Heißgetränk, eine wunderschöne, gleichbleibend rote Farbe.

Da der Zahntechniker nicht weit entfernt vom Grömitzer Strand wohnte, ging ich auf dem Rückweg über den Deich zum Lensterstrand, von dort nach Lenste und dann nach Cismar. Dieser Weg war hübscher als die langweilige Chaussee zwischen Grömitz und Cismar, aber leider auch mindestens einen Kilometer länger. Und da mir, besonders auf dem Rückweg, die Füße müde wurden und in dem schlechten Schuhwerk wehtaten, wählte ich meistens die direkte Entfernung.

Doch einmal hatte ich großes Glück. Ich befand mich bereits auf dem Rückweg am Ortsende von Grömitz, als wieder heftige Regenschauer einsetzten. Da ich kein Regencape besaß und schon auf dem Hinweg nass geworden war, begann ich in der feuchten Strickjacke zu frösteln. Plötzlich näherte sich ein VW Käfer, 1947 ein ungewöhnlich seltenes Bild. Ich winkte, doch das Auto fuhr an mir vorbei, bog um die Kurve und war meinen Blicken entschwunden. Natürlich wusste ich damals noch nicht, was es mit dem Bremsweg auf sich hatte. Traurig lief ich weiter, als ich nach wenigen Schritten rechts von mir im Graben ein paar reife Brombeeren entdeckte. Die Schauer hatten sich nun in einen starken Dauerregen verwandelt, sodass es egal war, ob ich zehn Minuten früher oder später völlig durchnässt zu Hause ankam. Ich pflückte und aß in aller Ruhe die Brombeeren, bevor ich weiterlief. Kurz darauf sah ich zu meinem großen Erstaunen dasselbe Auto an der sogenannten Grömitzer Brücke halten, und draußen stand im strömenden Regen ein junger, schwarzhaariger Mann, der mir zuwinkte. Als ich den Wagen erreicht hatte, fragte er mich, wo ich denn hinwolle. Ich durfte einsteigen. Ein englischer höherer Offizier, etwa Mitte fünfzig, der mit seinem Dackel auf der Rückbank saß, lächelte mich freundlich an. Offensichtlich sprach er nicht Deutsch. Ich unterhielt mich stattdessen mit seinem Fahrer, einem Deutschen. Wie viele Menschen mögen ihn damals wohl um diesen Posten beneidet haben? Er durfte zu jener Zeit, wo kaum jemand ein Fahrrad besaß, ein schönes Auto fahren und bekam jeden Tag satt zu essen. Ich war jedenfalls glücklich, dass mir der lange Marsch durch den Regen erspart geblieben war und ich sozusagen bis vor die Haustür gebracht wurde.

Übrigens waren die Sommermonate des Jahres 1947 sehr heiß, und ich ging nun häufiger zum Lensterstrand, oft mit Marlene Ruske, oder ich traf dort andere Klassenkameraden.

Im Jahr davor war ich ein- oder zweimal mit meiner Mutter nach Lenste gelaufen. Da wir keine Badeanzüge besaßen, badete meine Mutter in ihrer Unterwäsche und ich in meinem Schlüpfer. Es war weniger peinlich, als wir dachten, denn viele Flüchtlinge trugen die gleiche »Badebekleidung« wie wir. Zu unserem großen Erstaunen badeten die Einheimischen selten im Meer, aber noch viel mehr wunderte uns die Tatsache, dass sie fast ausnahmslos nicht schwimmen konnten, obwohl die See sozusagen vor ihrer Haustür lag.

Noch etwas anderes fiel uns auf: Als wir zum ersten Mal den Lensterstrand aufsuchten und den schmalen, grobkörnigen Sandstreifen erblickten, waren wir ziemlich enttäuscht. Auch der Strand von Grömitz, Kellenhusen und Dahme war nur wenig breiter und kaum schöner. Mit Wehmut dachten wir an die kilometerlangen und extrem breiten feinsandigen Strände von Kolberg oder Binz auf Rügen. Mit Kolberg verbanden mich meine schönsten Kindheitserinnerungen, denn seit meinem zweiten Lebensjahr fuhren meine Eltern mit mir, ab 1940 nur noch meine Mutter, weil mein Vater bereits zum Wehrdienst eingezogen worden war, jeden Sommer für vier Wochen nach Kolberg. Nun begriffen wir auch, warum in meiner Familie niemand von Grömitz, Kellenhusen oder Dahme je etwas gehört hatte. Solange nämlich die Bäder und Strände an der pommerschen und ostpreußischen Küste für jedermann zugänglich waren, konnten die oben genannten Orte in keiner Weise mit Binz, Kolberg, Zoppot etc. konkurrieren, sondern fristeten ihr Dasein als verschlafene Fischerdörfer. All das war aber nicht der Grund für unsere wenigen Strandbesuche im Vorjahr. Denn in erster Linie waren wir dauernd damit beschäftigt, durch Erbsenpflücken, Pilzesammeln, Waldhimbeerensuchen irgendwie und irgendwo etwas Essbares aufzutreiben. Zum anderen mussten wir insgesamt acht Kilometer mit knurrendem Magen zu Fuß laufen, um in Lenste baden zu können. Und da Seeluft und das Schwimmen im Meer bekanntlich hungrig machen, wurde der Hunger noch quälender und überwog die Freude am Baden.

Apropos Himbeeren pflücken: Eines Tages hatte meine Mutter beobachtet, wie der Klempner Reinhold mit einer großen Milchkanne, wie sie sie beschrieb, voller Himbeeren aus dem Wald kam. Er bewohnte mit seiner Frau und seiner bildhübschen, aber stotternden Tochter Gisela hinter dem »Lindenhof« einen schuppenähnlichen Anbau mit einer kleinen Werkstatt, wo er die halben Nächte hämmerte, wenn seine schöne, aber oft keifende Frau ihn lauthals beschimpfte. Da der Schuppen sich auf einem Mauersockel befand, war diese Behausung leichter und besser zu heizen als unser Verandaraum mit dem rohen Estrich. Außerdem hatte der Klempner, der eine seltsame Mischung aus ostpreußischer Mundart und falschem Deutsch sprach, von allen Bewohnern des »Lindenhofs« den kürzesten Weg zu den vier Herzhäuschen. Noch heute klingt mir der Satz »Jila, je Klosettchen!« in den Ohren, der bei meinen Eltern, nur mit abgewandeltem Vornamen, zur geflügelten Redensart wurde.

Aber nun zurück zu den Himbeeren. Meine Mutter schickte meinen Vater und mich an einem Sonntagnachmittag mit unserem Militärkochgeschirr zum Himbeerenpflücken. Aber nachdem wir fast drei Stunden lang den Wald durchkämmt hatten, war der Boden des Kochgeschirrs gerade eben bedeckt und unsere Ausbeute betrug weniger als ein Viertelpfund. Daraufhin brachen wir unsere Aktion ab und gingen ziemlich missmutig nach Hause. Aber da erwartete uns kein tröstendes Wort von meiner Mutter, sondern die vorwurfsvolle, gestenreiche Beteuerung: »Der Klempner hatte eine sooo große Milchkanne voller Himbeeren.« Und bei jeder Wiederholung, die meinen Vater innerlich wütender und mich trauriger machte, wuchs die Milchkanne des Klempners von einem Liter Fassungsvermögen auf das Fünffache. Bei dieser Gelegenheit erkannte ich zum ersten Mal bei meiner Mutter die Begabung für Übertreibungen, die mich in späteren Jahren noch oft ärgern sollte, besonders dann, wenn vorher keine Möglichkeit zur Überprüfung bestand und ich auf diese selbstbewusst vorgetragenen Behauptungen hereingefallen war. Von nun an ließ sich mein Vater nicht mehr von meiner Mutter in den Wald schicken; mit einer einzigen Ausnahme. Aber davon später.

Oft verbrachte ich ganze Nachmittage im Wald. Dort fühlte ich mich wohl, konnte meinen Gedanken und Träumereien nachhängen, ohne gegängelt oder getadelt zu werden. Auch kleine Kümmernisse, die ich mit niemandem teilen konnte oder wollte, ertrug ich leichter, wenn ich in der freien Natur am Meer oder im Wald war. Auf meinen Streifzügen fand ich an einer Schneise sogar eine Handvoll Walderdbeeren. Leider waren diese Pflanzen schon zwei Jahre später durch Grabenerweiterungen ausgerottet worden. Ich entdeckte auch, außer den mir bekannten Waldblumen, drei seltene heimische Orchideenarten wie geflecktes lilafarbenes Knabenkraut, weiße Lichtkuckucksnelken und weißen Salomonssiegel. Natürlich wusste ich mit meinen damals zehn Jahren noch nicht alle neuen Pflanzen einzuordnen, aber ich prägte mir Farbe und Form dieser Blumen so genau ein, bis mir kundige Menschen, oft erst einige Jahre später, den Namen und die Pflanzengattung nennen konnten. Natürlich durfte ich bei meinen Streifzügen im Juni und Juli nie den immerwährenden Auftrag vergessen, Waldhimbeeren ausfindig zu machen. Ich fand auch nach und nach mehr, aber nie die Menge, die der Klempner aus dem Wald geholt hatte.

Beim Pilzesammeln hatte ich dagegen mehr Erfolg, und zwar aus zweierlei Gründen. Einheimische begannen erst Jahre später, angeregt durch die Flüchtlinge, Pilze zu suchen. Außerdem kannten sie wie auch die meisten Sammler nur Steinpilze und Pfifferlinge; meine Mutter und ich hatten dagegen in Saßnitz – Fräulein Funk sei Dank – auch andere essbare und schmackhafte Pilze kennengelernt. Übertroffen wurde unsere Kenntnis nur noch von der zwei Jahre älteren, aus Berlin stammenden Eva Bussewitz, die mich einmal zum Pilzesammeln in den Wald mitgenommen hatte. Noch heute bewundere ich ihr damaliges umfangreiches Wissen.

Ganz anders dagegen verhielt es sich mit den Himbeeren. Alle Flüchtlinge durchkämmten danach den Cismarer Wald. Und hierbei bestand keinerlei Gefahr, eine giftige Variante zu pflücken; denn selbst dem Blödesten wäre es nicht gelungen, nachdem er einmal eine Himbeere gesehen und gekostet hatte, diese mit irgendwelchen roten, giftigen Waldfrüchten zu verwechseln. Zudem war es bei all den Suchenden sehr schwer, noch ein Areal tragender Büsche zu finden, von dem niemand sonst etwas wusste. Einmal jedoch war ich nahe daran, eine solche Erfahrung zu machen. Als ich wieder einmal an einem heißen Sommertag, nur mit Schlüpfer und einer Art Schürze bekleidet, in eine Tannenschonung geriet, wobei ich büschelweise Haare lassen musste – so dicht standen die Bäume, die genau so groß waren wie ich –, entdeckte ich zu meiner riesigen Freude lange Himbeerranken mit fast gartengroßen Früchten, die allerdings erst zartrosa gefärbt waren. So schnell ich konnte, machte ich mich auf den Heimweg, wo ich zerkratzt und zerstochen und mit mehreren Holzböcken (Zecken) an Brust und Armen ankam und meinen Eltern von dem Fund erzählte. Übrigens scherte sich damals kein Mensch darum, wenn man mit Zecken, die sich an einem festgesogen hatten, aus dem Wald zurückkam. Man suchte deswegen keinen Arzt auf, sondern drehte sie mit den Fingernägeln aus der Haut und behandelte die leicht schmerzenden, später juckenden Stellen wie Mückenstiche oder wartete einfach ab, bis sich die geschwollenen Rötungen wieder zurückgebildet hatten.

Am folgenden Morgen, es war ein Sonntag, standen wir schon sehr früh auf; für mich, als geborenen Morgenmuffel, eine Qual; denn ich erinnere mich, dass ich schon als Kleinkind immer heftige Bauchschmerzen bekam, wenn meine Mutter mich wegen einer bevorstehenden Reise ungewöhnlich früh weckte. Von Bauchschmerzen blieb ich zwar verschont, wurde aber erst richtig wach, als wir nach fast halbstündigem Weg die Tannenschonung kurz vor sechs Uhr morgens erreichten. Als wir uns durch die Tannen hindurchgekämpft hatten, wobei der viele Tau unsere Kleidung schon sehr durchfeuchtet hatte, traute ich meinen Augen nicht. Dabei war ich hundertprozentig sicher, dass ich die richtige Stelle wiedergefunden hatte. Ich entdeckte auch die langen Ranken, aber sie waren fast kahl bis auf ein paar kleine, unreife Knubbel. Die schönen großen Beeren fehlten! Selbst meine Eltern versuchten nicht, mir einzureden, dass ich mich im Ort geirrt hatte, denn mittlerweile wussten sie, dass ich fast jeden Quadratmeter des Cismarer Waldes kannte. Des Rätsels Lösung erfuhren wir nur wenige Minuten später. Plötzlich hörten wir Stimmen und erkannten dann eine Tannenreihe weiter den Verwaltungsangestellten Maibaum mit seiner Mutter und seiner damaligen Freundin, die uns die schönen großen Himbeeren weggepflückt hatten. Wir waren höchstens eine halbe Stunde zu spät gekommen, aber nun konnten wir nur noch die kärglichen Reste ernten, welche die drei anderen übersehen hatten. Meine Enttäuschung war riesengroß, denn ich hatte fest damit gerechnet, dass niemand außer mir diese Stelle entdeckt hatte.

Wie ich bereits erwähnte, gab es 1947 einen langen und sehr heißen Sommer. Zusammen mit Marlene Ruske lernte ich schwimmen, allerdings nicht an der Angel eines Schwimmlehrers oder mit aufblasbaren Armflügeln oder Rettungsringen, denn solche Hilfsmittel besaßen wir nicht. Wir versuchten nur immer wieder, die Beine über Wasser zu halten, bis es uns endlich nach vielem Wasserschlucken gelang, zwei Züge zu schwimmen. Es war ein grandioses Erlebnis. Und jeden Tag wurden es mehr, bis wir bei zwanzig oder dreißig Zügen aufhörten zu zählen.

Diese heiße Sommerphase wurde jedoch zu Beginn der zweiten Augusthälfte jäh durch einen sintflutartigen Regen, der drei Tage andauerte, unterbrochen.

Der Mühlenteich trat über seine Ufer und setzte die Dorfstraße zwischen dem »Klosterkrug« auf der einen und dem Eingang zum Klostergelände auf der anderen Seite fast knietief unter Wasser, bevor sich die Fluten in den sogenannten Burggraben ergossen. Für uns Kinder war das Waten durch die sich bildenden Strudel eher ein unverhofftes Abenteuer, liefen wir doch, um unser Schuhzeug zu schonen, im Sommer fast immer barfuß. Die Erwachsenen hingegen fanden wenig Gefallen an dieser Überflutung. Ich sehe noch genau Frau Westphal vor mir, wie sie, anstatt ihre schwarzen, hochhackigen Schuhe auszuziehen, mit den eleganten Lacksandaletten durch das Wasser watete.

Auch anderenorts hatte die Überschwemmung negative Folgen. Da die Schrebergärten anderthalb Meter unter dem Straßenniveau lagen und der völlig aufgeweichte Boden die Regenmengen nicht mehr aufnehmen konnte, stand das Wasser etwa dreißig Zentimeter hoch über der gesamten Fläche. Unsere schönen Tomaten, die trotz fehlender Gartenerfahrung meiner Eltern bisher bestens gediehen waren und von denen wir bislang nur etwa fünf rote hatten ernten können, schwammen teilweise im Wasser. Als wir nach einer Woche oder sogar später den Garten wieder betreten konnten, ohne im Schlamm stecken zu bleiben, pflückten wir zuerst die grünen Tomaten, die nun schon teilweise Fäulnisstellen aufwiesen. Wir wickelten sie in Zeitungspapier und legten sie zum Nachreifen auf die Fensterbank. Doch nur die bereits ausgewachsenen Tomaten taten uns den Gefallen. Die grünen kochten wir, bevor sie vollends verfaulten, denn um sie süßsauer einzulegen, fehlte uns Weinessig, aber vor allem Zucker. Außerdem besaßen wir keine Gläser oder sonstige Behälter. Denn auch die schon öfter erwähnte Vierfruchtmarmelade gab es nicht in Gläsern, sondern man ging mit irgendeinem Gefäß zu Herrmann Sauber, der dann mit einer Kelle aus einem fünf Kilogramm fassenden Blecheimer, dem sogenannten Marmeladeneimer, diese schön gefärbte Masse entnahm und grammgenau abwog. Wenn es einem der Flüchtlinge gelang, Klein Herrmann einen leeren Marmeladeneimer abzuschwatzen, konnte er sich fast so fühlen wie jemand, dem unverhofft eine schöne Porzellantasse geschenkt worden war.

Aber was war mit unseren Kartoffeln geschehen? Wie hatten wir uns auf die ersten selbst geernteten neuen Kartoffeln gefreut, nachdem wir zwei Jahre lang fast ausschließlich von alten, schon ausgekeimten, wässrigen Knollen gelebt hatten! Doch als wir sie aus der noch immer matschigen Erde gruben, war an jeder Staude fast ein Drittel verfault. Ich erinnere mich noch genau an den bestialischen Gestank, den diese widerliche breiige Masse verströmte, und an das ekelerregende Gefühl, wenn man mit den Händen hineingeraten war. Die nicht verdorbenen Kartoffeln rieben wir mit Zeitungspapier trocken und hofften darauf, dass sie damit ihren Nässeschock gut überstehen würden. Aber leider begannen sie nach und nach auch zu faulen, worauf meine geschickte und ideenreiche Mutter beschloss, aus den bis dahin noch intakten Kartoffeln Speisestärke zu gewinnen. Sie schälte die Knollen so dünn wie irgend möglich und rieb mit der Hand auf einer Metallreibe die Kartoffeln zu feinem Brei und drückte ihn durch ein Tuch. Nachdem sie zwei Tage lang geschält, gerieben und den ausgedrückten Kartoffelsaft in einer großen Wanne aufgefangen hatte, war die Haut ihrer Finger völlig zerkratzt und zerschnitten. Doch die Wanne hatte sich fast gefüllt, und nach und nach konnten wir beobachten, wie sich auf dem Boden eine weißgraue Schicht absetzte. Vorsichtig schöpften wir das Kartoffelwasser ab und stellten die Wanne mit der feuchten weißgrauen Masse nach draußen in die Sonne zum Trocknen. Es dauerte mehrere Tage, bis dieser Prozess abgeschlossen war und wir unser Kartoffelmehl in ein Gefäß umfüllen konnten. Natürlich war es nicht so pulvrig trocken geworden, wie man es von der Fabrikware her kennt, aber meine Mutter konnte es dennoch zum Kochen verwenden.

VII. Endlich, nach eineinhalb Jahren, beginnt sich unsere Lage langsam zu bessern

Ende Oktober dieses Jahres erhielten meine Eltern einen Zentner Zuckerrüben. Sie wurden in unserer einzigen Wanne in Wasser eingeweicht, damit sich die Erde besser löste. Dann wurde jede Rübe mit einer Bürste sorgfältig sauber geschrubbt, geschält und danach in feine Stifte geschnitten. Diese Arbeit musste sehr zügig vonstattengehen; denn die geliehene Rübenpresse stand uns nur wenige Stunden zur Verfügung. Ähnlich verhielt es sich mit dem Kochkessel. Für die vielen Flüchtlingsparteien im Haus gab es nur eine Waschküche mit einem Kessel, in dem Wäsche gewaschen und Zuckerrübensaft zu Sirup gekocht wurde. Da das Auspressen der Rübenschnitze meist bis zum frühen Abend dauerte, konnte erst dann mit dem Einkochen des Saftes begonnen werden; eine Prozedur, die sich über viele Stunden hinzog, wobei die Flüssigkeit ununterbrochen mit einer großen Holzkelle gerührt werden musste, damit sich der süße Saft nicht am ohnehin schadhaften Kesselboden festsetzte und anbrannte. Wenn meine Eltern dann frühmorgens völlig erschöpft und übernächtigt aus der Waschküche kamen, wagte ich nicht, sie anzusprechen. Es blieb ihnen ja ohnehin nur die Zeit, sich zu waschen, sich umzuziehen und nach einem kleinen Frühstück ihrer gewohnten Arbeit nachzugehen. Aber nun hatten wir für Monate einen Brotaufstrich, der nicht nur süß, sondern auch nahrhaft war.

Ebenfalls in diesem Jahr hatte mein Vater von einem Patienten aus Gosdorf zwei junge weiße Legehennen bekommen. Allerdings waren sie noch im Teenageralter und begannen erst im Spätsommer zu legen, dann aber fast jeden zweiten Tag. Für »die Freche« und »die Zahme«, wie wir sie ihrem Charakter nach benannten, baute mein Vater einen Hühnerstall: aus Sicherheitsgründen direkt unter unserem Fenster; und meine Mutter lernte das unappetitliche »Hühnertasten«, damit wir wussten, welche Henne ein Ei legen würde. Das war wichtig, denn nur so konnte man wissen, ob das Huhn das Ei außerhalb des Nestes abgelegt oder aber dem schnellen Zugriff einer »sehr interessierten Person« zum Opfer gefallen war. Im Herbst gesellten sich zu den beiden weißen Hühnern noch die »kleine Braune« und ein bildschöner Hahn, ein sogenannter »Italiener«, mit bunten Schwanzfedern hinzu. Er war durch und durch Kavalier. Wenn meine Eltern den Hühnern hin und wieder ein paar Körner zu ihrer selbst gefundenen Nahrung spendierten, wartete er so lange, bis seine Hennen satt waren; dann erst begann auch er davon zu fressen. Er war nicht sehr groß, aber gut gebaut und elegant in seinen Bewegungen, ganz im Gegensatz zum »Pötter«, wie wir den tollpatschigen Hahn von Töpfer Lau nannten. Seine einzige Schönheit bestand in der seltsam braunvioletten Farbe seines Gefieders. Nie wieder habe ich eine solche Gefiederfarbe gesehen. Davon abgesehen besaß er so gut wie keine Schwanzfedern. Sein plumper Körper war übermäßig groß. Wäre er ein Mann gewesen, hätte man ihn als Riesen mit völlig vermanschter Figur beschrieben. Eines Tages, an einem verregneten Herbstnachmittag, geschah das Unvermeidliche. Es kam zum Kampf zwischen den beiden Rivalen. Wir befürchteten das Schlimmste, als sich der Koloss von »Pötter« auf unseren Hahn stürzte. Voller Sorge verfolgten wir dieses grausame Schauspiel, das länger als eine Stunde dauerte. Schließlich gab sich der »Pötter« geschlagen und erkannte unseren Hahn als den überlegenen Sieger an. Aber wie sah dieser aus! Da er quasi bis zum letzten Atemzug gekämpft hatte, war er entsetzlich zugerichtet worden. Er hatte nicht nur mehrere seiner schönen Schwanzfedern eingebüßt, sondern blutete auch aus vielen Wunden, die ihm der Schnabel des »Pötter« zugefügt hatte. Doch zu unserer Erleichterung erholte er sich nach einigen Tagen, und später wuchsen auch die schönen Schwanzfedern wieder nach.

Die »kleine Braune« hingegen genoss unberechtigterweise lange Zeit den Bonus einer Junghenne, bis wir merkten, dass sie gar nicht mehr so jung war, sondern einer kleinwüchsigen Rasse angehörte. Jedenfalls legte sie weit weniger Eier als »die Freche« und »die Zahme«. Leider wurde »die Freche« beim Überqueren der Straße von einem Auto überfahren, und meine Mutter musste sie notschlachten. Damit »die Zahme« sich nicht so allein fühlte, denn die »kleine Braune« suchte immer die Gesellschaft des Hahnes, mit dem zusammen sie zu uns gekommen war, besorgte mein Vater noch zwei braune Hennen: die »dicke Braune« und »Trinchen«. Erstere war das geborene Suppenhuhn: dick, träge und legefaul, aber nicht so extrem, wie wir zuerst dachten. Denn eines Tages sahen wir, wie sie, nicht weit von ihrem Legenest entfernt, auf der Erde im Vorgarten des Gasthofes gluckte und sich nicht aufscheuchen ließ. Als ich sie vom Boden aufhob, hätte sie mich fast mit dem Schnabel gehackt, obwohl sie sonst völlig friedlich war und sich streicheln ließ. Und dann sah ich, dass sie auf acht oder zehn Eiern gesessen hatte, die wir ihr natürlich alle wegnahmen. Zum Glück hatte sie darauf erst kurze Zeit gebrütet, sodass wir die Eier noch verwenden konnten.

»Trinchen« mit ihrem kaum ausgebildeten Kamm wirkte neben dieser matronenhaften Glucke wie ein scheues junges Mädchen. Sie war überaus ängstlich und wurde von den anderen Hühnern beim Fressen immer weggebissen. Da sie sich nicht wehren konnte, tat sie mir sehr leid. Irgendwie entdeckte ich in ihr eine verwandte Seele, wenn auch auf Hühnerebene. Ich suchte daraufhin Regenwürmer, die ich an sie verfüttern wollte. Aber da sie auch vor mir zurückwich, schnappten ihr die anderen Hühner den Wurm vor ihrem Schnabel weg. Es dauerte eine ganze Weile, bis sie ihre Angst verlor und mir aus der Hand fraß. Von da an wurde sie sehr anhänglich, und ich konnte sie sogar streicheln wie die anderen Hühner auch. Etwa ein Jahr später, im Sommer 1948, auf alle Fälle nach der Währungsreform, kam uns »Trinchen« besuchen. Wir saßen drinnen am Tisch und aßen Kirschen, die wir vor Juli 1948 nicht hätten kaufen können. Auch kannten wir niemanden, der uns diese Früchte geschenkt hätte. »Trinchen« flog also auf das Dach des Hühnerstalls, das sich auf gleicher Höhe wie unser Fenstersims befand, und klopfte mit ihrem Schnabel an die Scheiben. Wir öffneten das Fenster, und sie machte uns mit leicht schräg geneigtem Kopf in ihrer Sprache klar, dass sie etwas zu fressen wünschte. Da wir aber kein Hühnerfutter zur Hand hatten, gaben wir ihr zum Spaß eine Kirsche. Und zu unserer großen Verwunderung und Belustigung fraß sie nicht nur die Kirsche, sondern spuckte den fein gesäuberten Kern auch wieder aus. Danach besuchte sie uns noch öfter, um sich eine kleine Obstration abzuholen. Wir waren nun zu ihren Eltern geworden, bei denen sie Schutz und Nahrung suchte, wenn ihre Artgenossen sie zu sehr drangsalierten.

Was nun unseren schönen Hahn anbetraf, so beschwerten sich bald die Pastoratsbewohner von gegenüber, dass er auch die dort lebenden Hühner beglückte und mit ein paar Hennen von uns in den Beeten des Gartens scharrte. Mein korrekter Vater, der einen Nachbarschaftsstreit vermeiden wollte, baute daraufhin ein Drahtgehege von circa fünfzehn Quadratmetern. Heutiges Federvieh wäre glücklich über so viel Auslauffläche. Aber unseren Hühnern passte das gar nicht, nachdem sie eine fast grenzenlose Freiheit genossen hatten. Am allermeisten jedoch litt unser Hahn. Ohne Unterbrechung lief er den Maschendrahtzaun entlang, fieberhaft nach einer Lücke suchend. Es war, als hätte man ein stolzes Raubtier, das in den Weiten der Savanne gejagt hatte, für immer in einen ganz engen Transportkäfig gesperrt. Wir konnten es kaum mit ansehen; und so beschlossen meine Eltern bald darauf, den Hahn zu schlachten. Obwohl wir uns auf diese köstliche Fleischmahlzeit gefreut hatten – sie war so selten wie in einem damaligen Durchschnittshaushalt Kaviar und Champagner –, blieben uns die Bissen fast im Halse stecken. So sehr war er uns mit seinen Hennen ans Herz gewachsen.

Im Oktober 1947 geschah im »Lindenhof‘ etwas völlig Neues. Gastwirt Paul Lau, ein sehr dicker, glatzköpfiger Mann mit braunen Schlitzaugen, der deshalb später den Spitznamen »Fu Man Chu« erhielt, wollte sich nicht mehr mit den zahlreichen Mieteinnahmen der Flüchtlingsfamilien begnügen und beschloss deshalb, den großen Saal für Tanzveranstaltungen zu nutzen. Da dieser unmittelbar an unser Zimmer grenzte, nur getrennt durch eine große Schiebetür, waren meine Eltern alles andere als begeistert. Doch dann wurde »Töpfermeister« Lau beauftragt, innerhalb der Türfüllung eine einen halben

Stein breite Mauer zu errichten, die jedoch, wie wir später feststellten, fast nur Symbolcharakter hatte. Nachdem Onkel Lau, der Universaldilettant, auch den Saal gemäß Paul Laus »künstlerischen« Anweisungen gestrichen hatte, wurde die »Ballsaison« eröffnet, das heißt, mittwochs und sonnabends abends spielte eine Dreimannkapelle zwischen zwanzig und zwei Uhr morgens zum Tanz auf. Herr May, ein ausgebildeter Orchestermusiker, der früher in Berlin an der Krolloper gespielt hatte, saß am Klavier. Dazu gesellte sich aus Nienhagen ein Geiger, dessen Namen ich nicht kannte. Für sein Alter – etwa Anfang dreißig – und die damalige Notzeit war er ein bisschen zu beleibt. Vielleicht stammte er als »künstlerisch entarteter Spross« aus einer Landwirtschaft, oder er unterhielt ein gut gehendes Bratkartoffelverhältnis zu einer Bauerntochter. Hätte ihm diese Wohlgenährtheit nicht einen zu großen Schuss Bürgerlichkeit verliehen, hätte er mit den dichten, schwarzen Haaren und den dunklen Augen sehr wohl dem Bild eines Kaffeehausgeigers entsprochen. Der dritte im Bunde war einer der drei blonden Kuchelbrüder mit der Quetschkommode, auf der er allerdings mehr falsch als richtig spielte. Für uns Dorfkinder waren diese Mittwoch- und Samstagabende immer ein besonderes Erlebnis. Wir hingen draußen im Klimmzug an den hohen Fenstersimsen und beobachteten voller Neugier die Szene im Saal, wobei die schwarzhaarige siebzehnjährige Hiltraut Siebert, die auch im »Lindenhof« wohnte, die begehrteste Tänzerin war. Als »Partydrink« wurde das schöne rote Heißgetränk serviert oder heimlich mitgebrachter Rübenschnaps konsumiert. Leider zeigten die Gäste im Saal wenig Verständnis für unsere interessierte Anteilnahme und zogen nach den ersten Tänzen die

Vorhänge an den Fenstern zu, sodass wir enttäuscht unsere unbequeme Hängepartie beenden mussten.

Bei einer dieser Veranstaltungen sah ich einmal Herrn Westphal und Frau Kaempfe auf der fast leeren Tanzfläche einen Tango mit Figuren tanzen. »Was ist daran so ungewöhnlich?«, wird mancher fragen. Natürlich nichts; hätte nicht Herr Westphal bei diesem Tanz Hausschuhe getragen, und zwar keine eleganten Lederslipper, sondern braun-gelb karierte, die Fesseln bedeckende Filzschuhe, wie sie in den letzten Kriegsjahren als Einheitsmodell hergestellt worden waren. Er besaß noch einen guten schwarzen Anzug, aber leider keine eleganten Schuhe mehr. Doch eines muss ich ausdrücklich betonen: Ich habe nie wieder in meinem Leben einen Mann in Hausschuhen so rhythmisch und elegant Tango tanzen sehen wie damals Herrn Westphal.

Wenn ich mich an diesen Tanzabenden schlafen legte, war für mich das Vergnügen ja noch nicht beendet, denn durch die zugemauerte Tür hörte ich oft bis Mitternacht die Musik. Doch bevor zum dritten Mal der Tango: »Ich hab' so Sehnsucht nach Dir, Du kleine Anuschka ...« erklang, war ich bereits eingeschlafen. Natürlich war das Repertoire recht begrenzt, wofür in der Hauptsache der junge Kuchel verantwortlich war. Meine Eltern dagegen mussten diese »Darbietungen« noch bis zwei Uhr morgens ertragen und dazu die immer stärker werdenden Gerüche. Es gab damals noch kein Deodorant; und als Körper- und Schönheitspflege benutzten Frauen und Mädchen ausschließlich die Allzweckcreme von Nivea, nicht zu verwechseln mit dem heutigen Kosmetiksortiment dieser Firma. Die damals erhältliche Creme, die auch als Rouge- und Pudergrundlage dienen musste, hatte den typisch penetranten Geruch, an den sich die meisten Personen meiner Generation noch erinnern werden. Wenn sich nun die Körper beim Tanzen erhitzten, die Nivea-Creme auf den Gesichtern zu schmelzen begann und sich mit dem billigen Puder zu einer neuen Mischung verband, entstand eine unnachahmlich scheußliche Duftmarke, die womöglich sogar einen Ziegenbock in die Flucht geschlagen hätte.

Es muss etwa zur gleichen Zeit gewesen sein, als in der Schule eine ärztliche Untersuchung durchgeführt wurde, um festzustellen, welche Kinder an der Schulspeisung teilnehmen durften. Nur mit Schlüpfer oder Unterhose bekleidet, wurden wir gemessen, gewogen und einzeln von Dr. Koch begutachtet. Wider Erwarten und zu meiner großen Enttäuschung erhielt ich keine Schulspeisung. Da ich für mein Alter schon sehr groß war und außerdem starke Knochen besaß, fiel ich durch das Rasterschema. Auch meine Eltern waren empört, war doch besagtem Dr. Koch durch einige Krankenbesuche bei meiner Mutter unsere Notlage bekannt. Dagegen wurde einer Klassenkameradin von zierlichem Wuchs die Schulspeisung zuerkannt, obwohl sie für damalige Verhältnisse fast schon fett war. Es hätte gar keiner diagnostischen Kompetenz bedurft, sondern nur eines aufmerksamen Betrachtens, dann hätte Dr. Koch bemerkt, wie mager ich war und dass sich unter meiner Haut weder Fleisch- noch Fettpolster befanden, sondern nur Knochen.

Wie weh tat es, hungrig zusehen zu müssen, wenn andere Kinder in der großen Pause zum Klassenlehrer gehen durften, um sich aus der großen Milchkanne zwei Kellen Milchgrütze mit Rosinen abholen zu können, während meine Eltern mir außer einem kargen Frühstück, bestehend aus einer Scheibe Brot mit Sirup – natürlich ohne Butter –, kein Pausenbrot mitgeben konnten. Erst im Frühjahr 1948 bekamen alle Schulkinder die Schulspeisung. Da wir aus Raummangel Schichtunterricht hatten, das heißt eine Woche vormittags, die darauffolgende Woche nachmittags, die Schulspeisung aber immer vormittags ausgeteilt wurde, legte ich meinen Schulweg – hin und zurück vier Kilometer – zweimal am Tage zurück. Viele Kinder, hauptsächlich einheimische, die nicht hungerten und denen diese Milchgrütze nicht besonders schmeckte, holten sich ihre Ration gar nicht ab.

Kurz vor Beginn der Weihnachtsferien bekam jedes Kind in meiner Klasse im Rahmen der Schulspeisung zwei kleine Riegel gefüllter Schokolade, zusammen etwa dreißig Gramm. Da ich kein Weihnachtsgeschenk für meine Eltern hatte, hob ich die Schokolade auf. Oft war ich versucht, ein Stück davon abzubeißen, aber es gelang mir, mich zu beherrschen. Darauf war ich sogar ein bisschen stolz. Als ich meinen Eltern zu Weihnachten die Schokoladenriegel schenkte, wollten sie sie nicht annehmen, weil ich mir diese Süßigkeiten vom Munde abgespart hatte; so konnte ich sie mir nun doch noch gönnen. In diesem Jahr bekam ich zum Fest einen kleinen Muff aus Kaninchenfell, worüber ich mich mächtig freute. Meine Handschuhe waren mir inzwischen zu klein geworden; und meine Mutter besaß keinen Faden Wolle, um mir neue zu stricken. Den Muff hatte Onkel Heinz in Lehrte beim Kürschner, einem Kriegskameraden, anfertigen lassen.

Dieses Weihnachten gab es neben Rosenkohl und Kartoffeln auch ein Fleischgericht, wofür Onkel Heinz und Tante Paula gesorgt hatten. Während der Festtage schliefen sie und meine Eltern zu viert in den beiden Ehebetten. Natürlich besaßen wir auch keine Schlafsäcke. Solche Unbequemlichkeiten würde heutzutage niemand mehr in Kauf nehmen, wo selbst Familienangehörige ins Hotel geschickt werden, obwohl eine große Wohnung oder sogar ein Haus vorhanden ist.

Übrigens war der Winter 1947/48 besonders streng und lang. Auf meinem Schulweg musste ich dauernd anhalten, um die Schneeklumpen abzuklopfen, die sich unter meinen Holzkurkeln bildeten. Aber zum Glück hatten wir einen Ofen, und meinem Vater war es gelungen, außer unserer Buschration noch etwas Holz aufzutreiben, sodass wir kaum noch frieren mussten. Im Spätherbst brachte er außerdem, ich weiß nicht woher, einen dicken cyclamefarbenen Kokosläufer mit, den wir unter den Tisch legten. So gab es für unsere Füße eine angenehme Isolierschicht zwischen ihnen und dem blanken Estrich.

In diesem Winter geschah es auch, dass die Klärgruben der Herzhäuschen nicht mehr geleert werden konnten, weil durch den starken und lang anhaltenden Frost das geschmeidige »Gold« zu Eis erstarrte und nach und nach zu bedrohlicher Höhe heranwuchs. Hiermit im Zusammenhang stehend, wurde im Dorf kolportiert, dass »Onkel Havie«, wie er sich von Kindern gerne nennen ließ, wenn er seine joviale Ader herauskehrte, sonst aber stets großen Wert auf die Anrede »Herr Baron« legte, eine schmerzhafte Erfahrung gemacht habe. Der Herr Baron also soll, nachdem er sich in Eile in einem Herzhäuschen niedergelassen hatte, mit einem Schmerzensschrei wieder aufgefahren sein, weil sich in sein hochwohlgeborenes Hinterteil die Spitze eines »Goldberges« gebohrt hatte. Besagter Herr von Hervarth, ein etwas beleibter Mann Anfang oder Mitte fünfzig, wohnte zusammen mit der schwarzhaarigen »Schwester Marianne«, wie sie sich nennen ließ, im Forsthaus. Auf ihrem Gesicht lag ständig eine millimeterdicke Puderschicht, sodass sie immer aussah, als sei sie in einen Mehlsack gefallen. Da »Onkel Havie« sich bester Gesundheit erfreute und sie wiederum nie krankenpflegerisch in Erscheinung getreten war, lag die Vermutung nahe, dass »Schwester Marianne« wohl eine andere Aufgabe bei ihm erfüllte. Seine Wohlbeleibtheit, die nicht krankhaft bedingt war, ließ darauf schließen, dass er nicht nur satt, sondern auch gut zu essen hatte. Später, als Post- und Nachrichtendienste wieder besser funktionierten, stellte sich heraus, dass der Herr Baron auf seiner Flucht aus Ostpreußen seine Familie im Stich gelassen hatte und mit seiner Mätresse, nämlich besagter »Schwester Marianne«, durchgebrannt war. Zur gleichen Zeit etwa bemächtigte sich seiner eine ganz ungewohnte Bescheidenheit. Immer, wenn ihn jemand mit »Herr Baron« ansprach, bat er jovial darum, diesen Titel doch einfach wegzulassen. Jedenfalls war Herr von Hervarth der Prototyp des erfolgreichen Opportunisten; denn schon wenige Monate nach der Währungsreform verließ er zusammen mit »Schwester Marianne« Cismar, zog nach Kiel, bekleidete alsbald einen gehobenen Posten im Kultusministerium und erhielt eine schöne Wohnung in Düsternbrook.

Ganz anders erging es Herrn von Enkeforth, der nicht nur adlig von Geburt, sondern auch von edler Gesinnung war. Dieser hatte, wenn ich mich recht entsinne, 1947 eine monatliche Lübeck-Fahrt organisiert, indem er seine Zugmaschine vor einen kleinen, mit einer Zeltplane geschützten Lastwagenanhänger spannte, auf dem sich an den Längsseiten je eine Holzbank befand, worauf insgesamt zur Not fast zwanzig Personen Platz fanden. Wenn alle »an Bord« waren, wurde die Zeltplane geschlossen, und wir fuhren in einem Tempo von vierzig bis fünfzig Stundenkilometern in zwei oder zweieinhalb Stunden nach Lübeck. Dennoch war es für uns, besonders aber für mich, ein Erlebnis, wieder einmal einen Tag in einer Großstadt zu verbringen. Natürlich waren in der Lübecker Innenstadt viele Häuser durch die Bombenangriffe zerstört, aber das Holstentor stand noch, und auch die Salzspeicher waren fast unversehrt geblieben. Jedenfalls liebte ich diese Stadt vom ersten Augenblick an, ließ doch ihr großteils zerstörtes Antlitz die einstmalige architektonische Schönheit und atmosphärische Geschlossenheit erahnen. Für die Stadt Kiel hingegen konnte ich mich bis zum heutigen Tage nicht begeistern, obwohl ich dort, bedingt durch Studium, Berufs- und Privatleben, fast dreißig Jahre verbracht habe.

Nach der Währungsreform kaufte Herr von Enkeforth einen kleinen, alten Bus mit etwa zwanzig Sitzplätzen, um die Lübeck-Fahrten komfortabler zu machen. Diesen Kauf musste er zumindest teilweise über einen Kredit finanziert haben, denn mit 40 DM Kopfgeld und einer kleinen Summe für die Inzahlungnahme seiner Zugmaschine hätte er den vollständigen Betrag nie zahlen können. Außerdem hatte er einen Fahrer eingestellt, denn er selbst als ehemaliger Großgrundbesitzer besaß natürlich keinen Omnibusführerschein. Da er nie Profit auf Kosten anderer gemacht hätte und sein integrer Charakter ihn daran hinderte, sich mit teilweise unlauteren Methoden in der Geschäftswelt durchzusetzen, musste sein Unternehmen früher oder später scheitern. Als dann auch die Linienbusse wieder regelmäßig und in kürzeren Abständen fuhren, war sein wirtschaftliches Todesurteil besiegelt.

Noch eine Existenz geriet zur gleichen Zeit ins Trudeln, allerdings mehr in gesellschaftlicher Hinsicht und fast ausschließlich selbst verschuldet. Irgendwann im Frühjahr oder Frühsommer 1948 verschwand der smarte Herr Kaempfe buchstäblich bei Nacht und Nebel; und nur er allein wusste, wohin. Seltsam war nur, dass seine Frau, die beim Friseur immer unter schrecklicher Migräne litt und gerne so tat, als entstamme sie einer sehr vornehmen Familie, sich plötzlich nicht mehr Frau Kaempfe, sondern Kaempfe-Neumann nannte, obwohl es in jener Zeit überhaupt nicht üblich war, solche Doppelnamen zu führen. Und wenige Monate später hieß sie nur noch Neumann, denn inzwischen war bekannt geworden, dass sie weder die Ehefrau von Herrn Kaempfe noch von vornehmer Herkunft war. Ihre Eltern arbeiteten nicht weit entfernt von Cismar auf einem großen Bauernhof in Klostersee als Tagelöhner. Diese hatten auch die damals zehn- oder zwölfjährige uneheliche Tochter Eva Maria großgezogen, die sie bis dato verleugnet hatte. All ihre hochtrabenden Ambitionen und Luftschlösser waren nun wie ein Kartenhaus in sich zusammengefallen. Doch etwas Gutes hatte diese Entzauberung bei der ehemaligen Frau Kaempfe bewirkt. Als ich mich im Sommer desselben Jahres auf dem Rückweg von einem meiner Grömitzmärsche befand, wurde ich von einem Kleinlaster, der mit mäßiger Geschwindigkeit fuhr, überholt. Und wer saß, mit dem Rücken ans Fahrerhaus gelehnt, auf dem offenen Anhänger? Frau Neumann! Obwohl sie trotz des geringen Tempos ordentlich durchgeschüttelt wurde, bemerkte ich bei ihr keinerlei Anzeichen von Übelkeit oder anderen Symptomen ihrer Krankheit. Die schlimmen Migräneattacken hatten sie offensichtlich ein für alle Mal verlassen, wenn sie überhaupt jemals darunter gelitten hatte.

Noch zwei andere Begebenheiten aus unserer Cismarer Zeit sind mir im Gedächtnis lebendig geblieben:

Wie viele Leute damals hielt sich auch »Tante«, die Frau von Töpfer Lau, Kaninchen. Verständlich, dass alsbald das Grünfutter für die zahlreichen Sammler immer knapper und die Suche danach immer mühsamer wurde. Dabei erwies sich das Kleefeld gegenüber vom »Lindenhof« gleich hinter dem Pastorat als große Verlockung. Davon zu pflücken, war natürlich strengstens verboten. Eines Abends, als es bereits dämmerte, schaute meine Mutter aus dem geöffneten Fenster; und vorbei ging »Tante«, einen Rucksack auf dem Rücken, aus dem eindeutig ein paar Kleeblätter hervorlugten. Ich muss in diesem Zusammenhang erwähnen, dass »Tante« eine sehr fromme Frau war, die rechtzeitig mit Sack und Pack, mit Pferd und Wagen aus Ostpreußen hatte fliehen können und wohlbehalten bei ihrem Neffen, dem Gastwirt Lau, angekommen war. Sogar ihr Harmonium hatte sie mit nach Cismar gebracht. Und das Wort »Gott« tauchte sehr oft in ihrem Vokabular auf. Als meine Mutter sich eine Anspielung auf den gefüllten Rucksack nicht verkneifen konnte, hob »Tante« die rechte Hand zum Schwur und sagte im Brustton der Überzeugung: »Ich schwöre, so wahr mir Jott hälfe, ich bin noch nie aufm Kleeschlach jewesen!« Wieder einmal hatte ich erfahren, wie »christlich« sich sogenannte Gläubige verhalten, die ohne Not die Zehn Gebote übertreten und hungernde Menschen mit einem frommen Spruch abspeisen, anstatt ihnen ein Stück Brot zu geben. Aber abgesehen davon bot diese Szene immer wieder Anreiz zum Lachen.

Noch ein anderes »frommes« Ereignis wird mir unvergesslich bleiben.

Im »Lindenhof« lebte ebenfalls eine Familie Vogtländer

zusammen mit ihrer Gans in einem Zimmer des Haupthauses: Gottlieb, damals an die siebzig Jahre alt, eine längst erwachsene Tochter aus erster Ehe, seine zweite Frau und die sechzehnjährige Grete. Sie stammten wie »Tante« auch aus Ostpreußen, sprachen aber einen Dialekt, der sich nicht unerheblich von der gängigen ostpreußischen Mundart unterschied. Gottlieb, der Väti, wie er von seiner jüngsten Tochter genannt wurde, legte sich im Spätherbst des Jahres 1946 ins Bett und stand nicht wieder auf. Jeder der Mitbewohner rechnete mit seinem baldigen Ableben. Doch bei Frühlingsanbruch kroch er unter seinem roten Inlett hervor, verließ das Bett und lebte weiter, als wäre nichts geschehen. Im darauffolgenden Jahr wiederholte sich dieser Vorgang. Nach einem ausgiebigen Winterschlaf hatte er sich erholt und nahm sein normales Leben wieder auf. In dieser Daseinsphase geschah es also, dass ich eines Tages, als ich mich in unserem Herzhäuschen niedergelassen hatte, plötzlich eine männliche Stimme vernahm. Zunächst erschrak ich, dann aber, als ich durch ein Astloch links von mir blickte, erkannte ich Gottlieb, der, nur durch eine dünne Bretterwand von mir getrennt, direkt neben mir saß. Nach einer Salve ortsüblicher Geräusche hörte ich plötzlich den Satz: »Maine Hände jingen zu Jott« und nach einer Weile: »Mainem Jesum laß ich nich!«.

Außer solch einer Bibelstunde auf dem stillen Örtchen gab es noch eine Reihe von Begebenheiten und sprachlichen Verdrehungen, wenn auch nicht so spektakulär wie die geschilderten. Leider konnten wir diese Darbietungen damals nicht so richtig genießen, weil die Alltagssorgen übermächtig waren. Meine Mutter sagte noch Jahre später: »Hätten wir 1946 und 1947 in Cismar nicht so schrecklich hungern und frieren müssen, hätten wir im ‚Lindenhof' viel zu lachen gehabt.«

Eine wirkliche Wende zum Besseren begann für uns am 21. Juni 1948 mit der Währungsreform. Jeder Einwohner in Westdeutschland bekam an diesem Tage das sogenannte Kopfgeld von 40 DM, und eine gewisse Zeit danach gab es für jeden Mitbürger noch einmal 20 DM. Natürlich öffneten sich nicht urplötzlich die Pforten des Paradieses; und es gab auch nicht alles sofort zu kaufen. Überhaupt wusste niemand, wie sich diese Währungsumstellung wirtschaftlich entwickeln würde. Seltsam war nur, dass sich einen Tag später, also am 22. Juni, die bislang leeren Schaufenster gefüllt hatten. Natürlich handelte es sich hierbei um Waren, welche die Geschäftsleute heimlich gehortet hatten, um sie als Tauschmittel zu nutzen. Meine Mutter, die wohl fürchtete, dass es in sehr kurzer Zeit keinen Warennachschub mehr gäbe, kaufte zwei braun lackierte Blechteller und eine ebensolche Schüssel, die ich noch heute als »Andenken« benutze. Wir besaßen ja nur drei alte, abgestoßene Porzellanteller.

Abgesehen vom Kauf dieses Blechgeschirrs und der fälligen Miete wurde bei uns eisern gespart, und wir ernährten uns fast ausschließlich von dem, was in unserem Garten wuchs. Denn wie sich denken lässt, gaben die Leute, nachdem sie satt zu essen hatten, das Geld für Kleidung und andere Dinge aus, als es zum Zahnarzt zu tragen. Dies betraf natürlich nur die Privatpatienten, von denen es damals aber mehr gab als heute. Hinzu kam, dass die Abrechnung der Krankenscheine vierteljährlich erfolgte und die erste Auszahlung in DM erst Ende September fällig war. Vielleicht hätte mein Vater um

Vorschuss bitten können, aber bei uns wurde nie etwas auf Pump gekauft. Es wurde so lange gespart, bis das Geld für eine Anschaffung vorhanden war.

Doch als mein Vater von der Gemeinde einen Bezugschein für ein Fahrrad erhielt, zögerte er nicht, diesen am nächsten Tag einzulösen. Aber in der näheren Umgebung gab es keine Fahrräder. Man hatte ihm gesagt, dass er nach Heiligenhafen fahren müsse, das von Cismar circa achtundzwanzig Kilometer entfernt war. So marschierte er also frühmorgens nach Lensahn, um dort in einen Zug nach Oldenburg zu steigen und vielleicht sogar bis Heiligenhafen zu fahren. Meine Mutter und ich hatten fest damit gerechnet, dass er bis zum Spätnachmittag wieder in Cismar eintreffen würde. Als er abends immer noch nicht da war, begannen wir, uns ernsthafte Sorgen zu machen. Doch dann, kurz vor zweiundzwanzig Uhr, als die Dunkelheit schon hereinbrach, kam er stolz und glücklich angeradelt. Da es in Heiligenhafen kein Fahrrad mehr zu kaufen gab, hatte er bis Großenbrode weiterfahren oder auch teilweise laufen müssen. Nun besaßen wir also ein nagelneues Fahrrad, das sich obendrein noch sehr leicht fuhr. Wir konnten unser Glück kaum fassen.

Von nun an brauchte ich nicht mehr nach Grömitz zu laufen, wenn ich dort beim Zahntechniker die Gipsabdrücke abgeben und die fertige Prothetik abholen musste, sondern ich durfte für diese Wegstrecke von zwölf Kilometern das Fahrrad benutzen.

Radfahren hatte ich bereits ein Jahr zuvor gelernt, und zwar bei Wilma Sieck, einer Klassenkameradin, die ein eigenes Rad besaß, auf dem Marlene Ruske und ich fahren lernen durften, wofür wir ihr natürlich sehr dankbar waren. Dafür genoss Wilma, die gerne im Mittelpunkt stand, unsere Bewunderung, wenn sie uns stolz vorführte, wie sie sich freihändig auf dem Drahtesel halten konnte.

Ende September 1948 konnten wir dann aufatmen. Die wirtschaftliche Lage stabilisierte sich, und sonntags gab es des Öfteren ein Fleischgericht zu essen. Was mich aber besonders freute, war die Tatsache, dass meine Mutter zum Sonntag wieder einen richtigen Kuchen mit Margarine, Eiern, Zucker, Mehl und Obst backen konnte, ohne Kaffee-Ersatz als Mehl und ohne Möhrenbrei als Obstbelag. Es ging langsam, aber stetig aufwärts, und gegen Jahresende konnte man theoretisch alles kaufen, was das Herz begehrte – vorausgesetzt, man besaß dafür genug Geld, was den meisten Menschen, uns eingeschlossen, fehlte.

Nach dem Kauf des Fahrrads wurde für eine neue Anschaffung, nämlich eine Nähmaschine, gespart. Damit fertigte meine Mutter für sich und mich die gesamte Kleidung an, wobei sie auch hier großes Geschick bewies. Oft nähte sie aus zwei aufgetrennten alten Kleidern ein neues; neue Stoffe erstand sie nur zu herabgesetzten Preisen im Ausverkauf.

Denn meine Eltern mussten ja nun damit beginnen, sich einen Hausstand anzuschaffen. Da wir auf der Flucht vor den Russen fast nur das nackte Leben gerettet hatten und das bisschen, was wir noch hatten tragen können, uns von den Polen weggenommen worden war, fehlte es an allem und jedem. Außer einem Kochtopf, je drei Löffeln, Gabeln und Messern aus Blech, den drei Tellern, die uns jemand geschenkt hatte, besaßen wir weder Besteck noch Geschirr noch Kochtöpfe noch Küchengeräte; genauso wenig wie Wäsche, Handtücher und Bettwäsche. Alles mussten meine Eltern nach und nach kaufen und neu erwerben. Ganz zu schweigen von der primitiven Praxiseinrichtung, die dringend einer Verbesserung und Modernisierung bedurfte. Die Tretbohrmaschine musste durch eine elektrische ersetzt werden, ebenso der ehemalige Nachtstuhl mit Kopfstütze durch einen richtigen Behandlungsstuhl. Dazu kam der Kauf einer Speifontäne; um nur die allernotwendigsten Anschaffungen zu nennen. Mit dem Kauf von Möbeln konnten sich meine Eltern noch vier Jahre Zeit lassen. Denn erst im Frühjahr 1952 ergab sich für uns die Möglichkeit, in einem neu gebauten Zweifamilienhaus eine kleine Zweieinhalbzimmerwohnung zu beziehen und zwei Praxisräume dazuzumieten. Nachdem wir sechs Jahre lang bei Paul Lau denkbar primitiv in nur einem Raum gehaust hatten, begann für uns 1952 nach so langer Zeit nun endlich ein menschenwürdiges Wohnen.

Und mit diesem Ausblick auf bessere Zeiten möchte ich meine Aufzeichnungen beenden.

November 1940 oder März 1941. Meine Mutter und ich

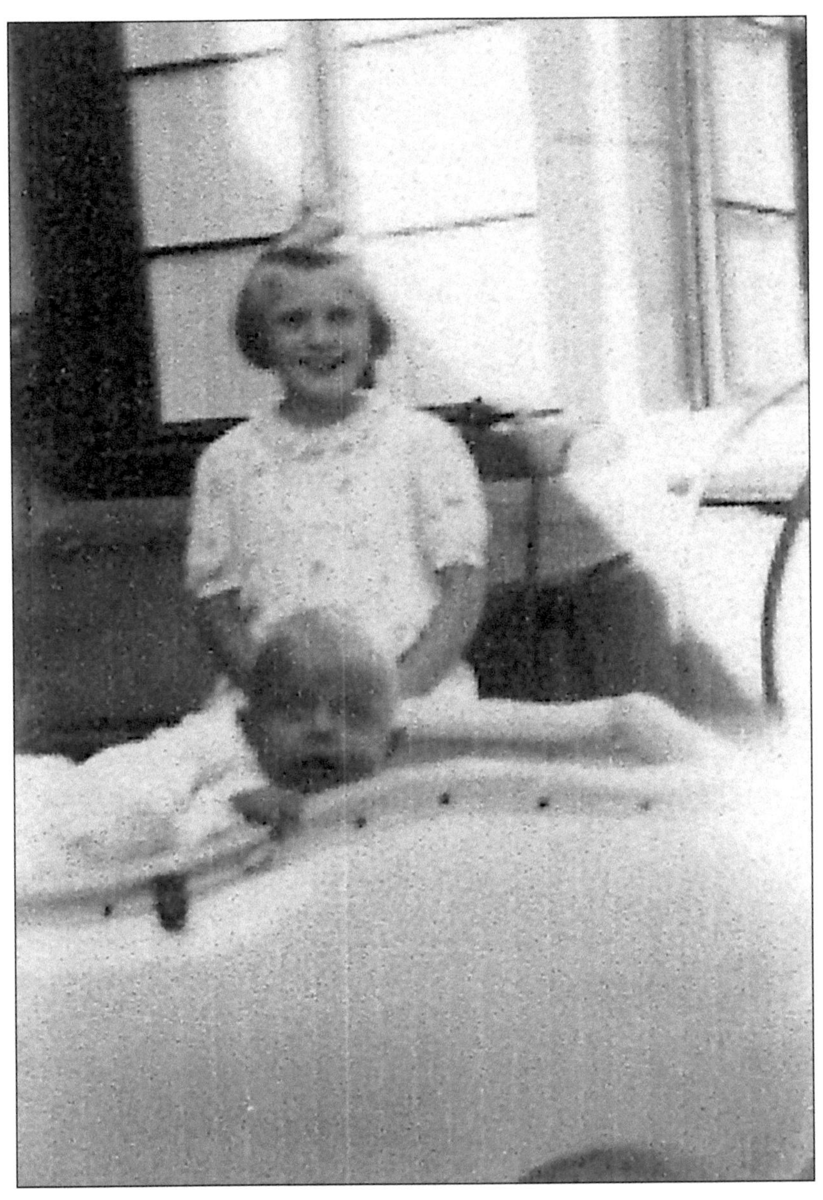

Sommer 1944 in Pyritz. Diti und ich (Noch geht es uns gut)

August 1945 in Saßnitz auf Rügen.
Meine Mutter mit Hungerödemen im Gesicht und am Körper

1948 in Cismar. Ich im Alter von 11 Jahren.